Façon de Parler Plus!
French for Beginners

Façon de Parler Plus!

French for Beginners

Angela Aries & Dominique Debney

Hodder & Stoughton

A MEMBER OF THE HODDER HEADLINE GROUP

Acknowledgement

The extract from *La Bastide Neuve* by Marcel Pagnol on page 26 is reproduced by permission of Bernard de Fallois / Editions de la Treille.

Orders: please contact Bookpoint Ltd, 130 Milton Park, Abingdon, Oxon OX14 4SB. Telephone: (44) 01235 827720, Fax: (44) 01235 400454. Lines are open from 9.00–6.00, Monday to Saturday, with a 24 hour message answering service. Email adress: orders@bookpoint.co.uk

British Library Cataloguing in Publication Data
A catalogue record for this title is available from The British Library

ISBN 0 340 78246 3

First published 2001
Impression number   10 9 8 7 6 5 4 3 2 1
Year 2007 2006 2005 2004 2003 2002 2001

Copyright ©2001 Angela Aries & Dominique Debney

Typeset by Servis Filmsetting Ltd, Manchester
Cover illustration: Melanie Barnes
Printed in Great Britain for Hodder & Stoughton Educational, a division of Hodder Headline Plc, 338 Euston Road, London NW1 3BH by Hobbs the Printers, Totton, Hampshire.

Introduction

Façon de Parler Plus! is divided into ten topic areas, with material to practise and assess, at three levels, the four skills of Listening, Speaking, Reading and Writing. The skill levels are used as a guideline for teachers and are not absolute. Since topics appear at various points in the two volumes, there is a certain overlap in the level of difficulty. Units such as **Problems** are wide-ranging and the reading material here, and elsewhere, is drawn from a variety of sources. A general indication of where topics may be found in the two volumes of *Façon de Parler* is given in the Contents and Reference chart.

The text of all the listening comprehension material has been recorded on a C60 cassette tape and is printed at the back of the book, along with a key to both the listening and reading assessments.

Teachers already familiar with the variety of exercises in *Façon de Parler* will want to use the material in different ways. For instance, the *Devinettes* can be used not only for individual practice, but also for competitive activities and team building within the group. However we would like to suggest the following approach for three particular types of oral practice in *Plus!*

1 Il faut répondre / parler
Play with a partner or in small groups. For each pair or group, photocopy the questions onto a suitable material and cut them up into individual cards. Shuffle them and lay them face down. One person picks up a card and asks his / her neighbour the question. The neighbour must reply, or else he / she has a forfeit, *un gage*. The person who has answered the question picks up the next card and asks the question, and so on.

2 Jeu de Cluedo (Le détective / L'espion)
Play with the class or large groups. Photocopy the sheet for each participant. The teacher can set up the situation by using one element from each category. For example, *C'est la mère au grenier avec un parapluie*. The aim of the game is to guess who did it, where and how. In the case of *L'espion*, the object is to guess the name of the spy, his disguise and where he is hidden. Each student suggests a possibility, using an element from each category. If one or two guesses are correct, the teacher / leader says: *une / deux bonne(s) réponse(s)*, accordingly. The student should make some notes so that he/she can narrow the field down by a process of elimination. The first person who guesses all the answers takes over the game.

3 C'est vrai?
Play in pairs. Photocopy a checklist for each pair / individual. Also photocopy and cut up the sets of cards. For a large class you may need to duplicate the set of twelve. Students work through the set of twelve, taking it in turns to be Partner A and Partner B. Partner A is checking information about Partner B. He / she has to find out if the facts are correct by making statements. Whenever the information is wrong, Partner B will set the record straight and Partner A will enter the correct or additional data on the form.

Games can be practised several times to increase students' confidence and fluency, using half sets for variety or if time is short. Other 'filler' activities, such as '*Le pendu*' and '*L'alphabet de l'amitié*' can be found in *Façon de Parler 1*.

4 Jeu de groupe
The students should be given time to prepare several questions each (it could be a homework task).

Contents and Reference Chart

	1 People and places	2 Accommodation	3 Occupation	4 Free time and entertainment	5 Communication and social contact
Listening 1(a)	p. 1 **1** unité 4	p. 13 **1** unités 4,9	p. 27 **1** unités 1,2	p. 41 **1** unités 9,10	p. 50 **1** unités 1–4
Listening 1(b)	p. 1 **1** unités 1,2,8	p. 13 **1** unités 4,8,10	p. 27 **1** unités 1,2		
Listening 1(c)					
Listening 2(a)	p. 5 **1** unité 21; **2** unité 1	p. 18 **2** unité 3	p. 32 **1** unité 18	p. 44 **2** unités 3,6	p. 53 **1** unité 20; **2** unités 4,7
Listening 2(b)					
Listening 3	p. 10 **2** unités 1,2,8	p. 24 **2** unités 3,6	p. 37 **2** unités 6,8	p. 47 **2** unité 18	p. 62 **2** unité 13
Speaking 1(a)	pp. 2–3 **1** unités 1,2,3	p. 14 **1** unité 4	pp. 28–9 **1** unité 8	p. 42 **1** unités 9,10	p. 51 **1** unité 7
Speaking 1(b)		p. 15 **1** unité 5		p. 43 **1** unités 9,10	
Speaking 1(c)		p. 16 **1** unité 9			
Speaking 2(a)	pp. 6–7 **1** unités 10,16	pp. 19–20 **1** unités 9,17; **2** unité 6	pp. 33–4 **2** unité 8	p. 45 **2** unité 7	pp. 54–5 **2** unité 1
Speaking 2(b)	p. 8 **1** unité 21	p. 21 **1** unités 9,17; **2** unités 3,10	p. 35 **2** unité 8		pp. 56–7 **2** unité 11
Speaking 3(a)	p. 11 **2** unités 1,7,16	p. 25 **2** unités 4,6	pp. 37–8 **2** unités 8,11	p. 48 **2** unités 1,6,7	p. 62 **2** unité 13
Speaking 3(b)					
Reading 1(a)	p. 4 **1** unité 4	p. 16 **1** unité 9	p. 30 **1** unités 11,15	p. 41 **1** unités 9,10	p. 52 **1** unités 6,7,11
Reading 1(b)	p. 5 **1** unités 1,2,3,4,7,14				
Reading 2(a)	p. 9 **1** unités 10–21	p. 22 **2** unité 6	p. 35 **2** unité 8	p. 46 **1** unité 19; **2** unité 1	p. 58 **2** unité 11
Reading 2(b)		p. 23 **2** unité 15	p. 36 **2** unité 8		
Reading 3	p. 12 **2** unités 12,15,16	p. 26 **2** unités 3,6,12	p. 39 **2** unités 8,11	p. 49 **2** unité 18	pp. 60–1 **2** unité 15
Writing 1(a)	p. 4 **1** unités 9,14	p. 17 **1** unités 4,9	p. 31 **1** unités 2,10	p. 44 **1** unités 9,10	p. 52 **1** unités 1–4
Writing 1(b)		p. 17 **1** unité 11	p. 31 **2** unité 8		
Writing 1(c)		p. 18 **1** unité 9			
Writing 2(a)	p. 9 **1** unité 21; **2** unité 1	p. 24 **2** unité 3	p. 36	p. 46 **2** unité 1	p. 59 **2** unité 2
Writing 2(b)				p. 46 **2** unité 6	
Writing 2(c)					
Writing 3(a)	p. 10 **2** unités 8,12,16	p. 26 **2** unités 6,15	p. 40 **2** unités 8,11	p. 48 **2** unités 1,7	p. 62 **2** unité 15
Writing 3(b)					

This reference chart shows where the material practised in *Façon de Parler Plus!* can be found in *Façon de Parler* Books *1* and *2*.

1 People and places

Listening 1a

Écoutez le service téléphonique *info* et identifiez les cinq endroits à Paris. *Listen to the telephone information service and identify the five places in Paris.*

la Villette   les Invalides   la Madeleine   le Sacré-Cœur   Notre-Dame   la tour Montparnasse
le Louvre   la tour Eiffel   l'Hôtel de Ville   la Défense

Listening 1b

Écoutez les mini-conversations et identifiez les cinq personnes interviewées. *Listen to the mini-conversations and identify the five people interviewed.*

Nom: FRIEDERICH   **Prénom:** Franz   **Situation de famille:** marié
Demeure: Sélestat   **Nationalité:** allemand   **Profession:** comptable

Nom: NEMOURS   **Prénom:** Josée   **Situation de famille:** mariée
Demeure: Barr   **Nationalité:** belge   **Profession:** comptable

Nom: PARRAIN   **Prénom:** Gérard   **Situation de famille:** marié
Demeure: Colmar   **Nationalité:** suisse   **Profession:** cuisinier

Nom: JACOBSEN   **Prénom:** Anne   **Situation de famille:** célibataire
Demeure: Strasbourg   **Nationalité:** danoise   **Profession:** secrétaire

Nom: DOMINGO   **Prénom:** José   **Situation de famille:** célibataire
Demeure: Strasbourg   **Nationalité:** espagnol   **Profession:** ingénieur

Nom: JUDD   **Prénom:** Maria   **Situation de famille:** mariée
Demeure: Riquewihr   **Nationalité:** italienne   **Profession:** réceptionniste

Speaking 1

Jeu – C'est vrai? *(see Introduction)*

Use the sets of cards to practise with a partner. Partner A is checking information about Partner B. He/She has to find out if the facts are correct by making statements (e.g. *Vous habitez à Rome*). If the statement is correct, Partner B says: *C'est vrai!* and Partner A ticks the corresponding box. Whenever the information is wrong Partner B will set the record straight, and Partner A will enter the correct data on the form. Greet your partner politely and thank him/her for the information. Take it in turns.

Prénom	Ville	Nationalité	Demeure	Transport	Animaux
1 Antonio / Antonella					
2 Mario / Maria					
3 Leslie / Lesley					
4 Fabien(ne)					
5 Heinrich / Heide					
6 Dimitri / Anna					
7 Angelo / Angela					
8 Dominique					
9 Chuck / Mary-Lou					
10 Arno / Silvia					
11 Angus / Catriona					
12 Lucien / Lucie					

Speaking 1

A1 C'EST VRAI?	B2 C'EST VRAI.	A2 C'EST VRAI?	B2 C'EST VRAI.
Antonio / Antonella	Antonio / Antonella	Mario / Maria	Mario / Maria
De Rome	De Florence	Espagnol(e)	Italien(ne)
Voiture italienne	Petite maison	Voiture américaine	2 chats
Grande maison	Voiture italienne	2 chiens	Voiture italienne
A3 C'EST VRAI?	**B3 C'EST VRAI.**	**A4 C'EST VRAI?**	**B4 C'EST VRAI.**
Leslie / Lesley	Leslie / Lesley	Fabien(ne)	Fabien(ne)
Anglais(e)	Australien(ne)	De Nice	De St. Tropez
Appartement, Londres	13 poissons rouges	Voiture japonaise	Maison à la campagne
Poissons rouges	Appart. Sydney	Maison bord de mer	2 voitures françaises
A5 C'EST VRAI?	**B5 C'EST VRAI.**	**A6 C'EST VRAI?**	**B6 C'EST VRAI.**
Heinrich / Heide	Heinrich / Heide	Dimitri / Anna	Dimitri / Anna
Allemand(e)	Suisse	Russe	Polonais(e)
Château	Yacht en Méditerranée	Grand appartement	Petit appartement
Petit bateau	Château	Chat	Lapin
A7 C'EST VRAI?	**B7 C'EST VRAI.**	**A8 C'EST VRAI?**	**B8 C'EST VRAI.**
Angelo / Angela	Angelo / Angela	Dominique	Dominique
de Madrid	de Milan	Français	Belge
Vélo	Appartement	Chien	Voiture allemande
Maison	Moto	Voiture française	Chat, souris blanches
A9 C'EST VRAI?	**B9 C'EST VRAI.**	**A10 CEST VRAI?**	**B10 C'EST VRAI.**
Chuck / Mary-Lou	Chuck / Mary-Lou	Arno / Silvia	Arno / Silvia
Canadien(ne)	Américain(e)	Danois(e)	Hollandais(e)
Grande maison	6 grands tracteurs	Chat	Mobylette
Tracteur	Ranch au Texas	Vélo	3 hamsters
A11 C'EST VRAI?	**B11 C'EST VRAI.**	**A12 C'EST VRAI?**	**B12 C'EST VRAI.**
Angus / Catriona	Angus / Catriona	Lucien / Lucie	Lucien / Lucie
Irlandais(e)	Écossais(e)	Fort-de-France	Fort-de-France
Château	2 chiens, 5 chats	Villa	Bateau de pêche
Chien	3 châteaux	Yacht	Petite maison

Reading 1a

Devinette

1 Une île en Méditerranée où est né Napoléon.   CORSÉ

2 Un grand palais, très célèbre, au sud-ouest de Paris – demeure des rois français.   VERSAILLES

3 Un centre culturel très moderne, près de Notre-Dame, où il y a souvent des spectacles.   centre _____

4 Les Bretons habitent dans cette région.   _____

5 Une place à Paris, où il y a des artistes, des peintres.   place du _____

6 Une île aux Caraïbes où il y a des bananes, de la canne à sucre.   _____

7 Le théâtre de Molière au centre de Paris.   _____

8 Le fleuve de Paris.   _____

9 Une région où habitent les bourguignons.   _____

10 Le quartier des étudiants à Paris, près de l'île de la Cité.   quartier _____

Réponses possibles
Corse   Bourgogne   Défense   Comédie française   Versailles   Opéra Garnier   Latin   Provence
Bretagne   Tertre   Maurice   Martinique   Pompidou   Seine   Loire

✂- -

Writing 1

Complétez la lettre de Simon à Jean-Luc. *Complete Simon's letter to Jean-Luc.*

> *Cher Jean-Luc,*
>
> *J'habite à la Martinique, avec mes 1 _____ et ma 2 _____ , qui s'appelle Annette. Elle est très studieuse et elle a toujours de bons résultats. Son 3 _____ est près de la maison, mais moi, je prends le bus tous les jours. Mon collège est assez loin de chez nous. Je n'aime pas beaucoup les sciences, mais j'adore le sport, surtout le rugby.*
>
> *Mes 4 _____ travaillent tous les deux au cabinet médical de mon 5 _____ . Oui, tu as bien deviné, il est médecin et elle est secrétaire. Le soir ils se détendent devant la télé, mais quelquefois ils vont dans une boîte de nuit ou un bar où ils rencontrent des 6 _____ . Le week-end nous rendons visite à nos 7 _____ . Maman parle cuisine avec sa 8 _____ et ses 9 _____ , tandis que Papa discute avec 10 _____ .*
>
> *À la maison nous ne faisons pas grand-chose ensemble. Le 11 _____ est très petit et je ne peux pas jouer au ballon. Annette joue avec ses 12 _____ et moi, je joue avec les miens.*
>
> *Écris-moi vite,*
>
> *Simon*

Reading 1b

Reliez les personnages historiques à leurs descriptions. *Link the historical characters with their descriptions.*

> 4 Guillaume 1er, le Conquérant   Jeanne d'Arc   Catherine de Médicis
>
> Aliénor d'Aquitaine   Louis XIV   Marie-Antoinette
>
> Napoléon Bonaparte   Charles de Gaulle

1 Roi de France, dit le Roi-Soleil, né en 1638. Il représente la monarchie absolue. L'ambition de ce roi est d'imposer à l'extérieur la prédominance française ce qui jette le pays dans des guerres coûteuses. C'est l'âge de la Gloire, de la musique et de la culture au luxueux palais de Versailles.

2 Reine de France, d'origine autrichienne. Fille de l'empereur germanique François 1er et femme de Louis XVI. Imprudente, ennemie des réformes et très impopulaire, en particulier après le scandale de l'affaire du Collier. Guillotinée en 1793.

3 Empereur des Français, d'origine corse. À l'origine de nombreuses campagnes militaires contre les pays européens. Il réorganise et centralise la France (Code civil, Légion d'Honneur, Banque de France, etc.) Sa première femme, Joséphine de Beauharnais, ne pouvant pas lui donner d'enfants, il épouse Marie-Louise d'Autriche, dont il a un fils.

4 Duc de Normandie et roi d'Angeleterre. Il traverse la Manche en 1066 et tue le roi Harold près de Hastings dans le sud de l'Angleterre. Cette page d'histoire est racontée par la tapisserie de sa femme, la reine Mathilde. Responsable du 'Domesday Book'.

5 Héroïne française, d'origine paysanne. Très pieuse, elle entend dès l'âge de 13 ans des voix qui lui ordonnent d'aider le roi de France à combattre l'occupation anglaise. Elle libère Orléans assiégée en 1429. Deux ans plus tard elle est brûlée vive à Rouen. Elle est réhabilitée en 1456 et canonisée en 1920.

6 Général et homme politique français. Il écrit plusieurs livres sur la politique et la stratégie militaire. Il refuse l'occupation allemande et, le 18 juin 1940, il lance de Londres un appel à résistance. Premier président de la Ve République, il renforce l'autorité présidentielle par l'élection du président au suffrage universel.

7 Reine de France, d'origine italienne. Femme du roi Henri II, mère de François II, Charles IX et Henri III. Femme de grande influence politique, elle est l'une des responsables du massacre de la Saint-Barthélemy (massacre des protestants par les catholiques) en 1572 pendant les guerres de Religion.

8 D'abord femme de Louis VII de France qui la répudie, elle épouse en 1152 Henri Plantagenêt, le futur roi d'Angleterre et lui apporte en dot* la Guyenne, la Gascogne et le Poitou. Passionnée de politique et de poésie courtoise.

* une dot = a *dowry*

Listening 2

Écoutez 4 personnes qui parlent de leur chef/patron(ne). Faites un résumé, en anglais, de leurs qualités et de leurs défauts.

Speaking 2a

PARTENAIRE A

1 Posez des questions à votre partenaire pour pouvoir remplir le questionnaire suivant:

LES LOISIRS – ÇA CRAQUE CHEZ VOUS LE SOIR?

LE SOIR, SORTEZ-VOUS:

Très souvent .... ☐

Régulièrement .... ☐

Rarement .... ☐

Jamais .... ☐

QUAND VOUS SORTEZ, ALLEZ-VOUS LE PLUS SOUVENT:

Au cinéma .... ☐

Au théâtre .... ☐

À l'opéra .... ☐

Chez des amis .... ☐

Au restaurant .... ☐

Au café / pub .... ☐

PRATIQUEZ-VOUS UN SPORT:

Plusieurs fois par semaine .... ☐

1 fois par semaine .... ☐

1 fois par mois .... ☐

De temps en temps .... ☐

Seulement l'été .... ☐

Seulement l'hiver .... ☐

Jamais .... ☐

À VOTRE AVIS LES LOISIRS SONT BÉNÉFIQUES:

À l'équilibre moral .... ☐

À la santé physique .... ☐

Au bien-être physique et moral .... ☐

Sans opinion .... ☐

---

2 Maintenant répondez aux questions de votre partenaire.

Speaking 2a

PARTENAIRE B

1 Répondez aux questions de votre partenaire.

2 Maintenant posez des questions à votre partenaire pour pouvoir remplir le questionnaire suivant:

ETES-VOUS ACCRO AUX LOISIRS LE DIMANCHE?

LE DIMANCHE, SORTEZ-VOUS:

Très souvent .... ☐

Régulièrement .... ☐

Quelquefois.. ☐

Presque jamais... ☐

QUAND VOUS SORTEZ, ALLEZ-VOUS LE PLUS SOUVENT:

À la campagne.. ☐

Au bord de la mer .... ☐

Aux magasins... ☐

Au restaurant... ☐

Chez des parents.. ☐

Au stade... ☐

À la messe .... ☐

POUR VOUS DÉTENDRE À LA MAISON, PRÉFÉREZ-VOUS:

Regarder la télévision.. ☐

Écouter la radio .... ☐

Écouter de la musique .... ☐

Lire... ☐

Faire des travaux manuels / bricoler .... ☐

Faire du jardinage.. ☐

A VOTRE AVIS LES LOISIRS SONT BÉNÉFIQUES:

À l'équilibre moral .... ☐

À la santé physique .... ☐

Au bien-être physique et moral .... ☐

Sans opinion .... ☐

Speaking 2b

Jeu de Cluedo (see *Introduction*)

Trouvez l'espion(ne)! – son surnom, son signe distinctif, son déguisement et sa cachette

SURNOM	SIGNE DISTINCTIF	VETEMENT / ACCESSOIRE	CACHETTE
Le castor	Cheveux courts	Imperméable gris	Derrière le cinéma
La taupe	Barbe rousse	Manteau écossais	Dans les bois
Le rat	Cheveux longs, bouclés	Parapluie bleu marine	Dans la cave du château
	Cheveux bruns, frisés	Lunettes de soleil	Sous un pont
Le blaireau	Barbe et moustache	Bonnet en laine	Sur un yacht
La souris	Taches de rousseur		Dans le grenier de la ferme
La marmotte	Cheveux châtains	Cache-nez	Dans le coffre
Le renard	Cheveux raides	Casque de motard	d'une Rolls-Royce
Le furet	Petite moustache	Chapeau de paille	Devant le casino
La tortue		Chapeau melon	Dans la cathédrale

Reading 2

Lisez l'article et reliez les phrases.

Pourquoi les enfants aiment-ils les aventures de Harry Potter?

Ce qui est étonnant, c'est que les enfants lisent ces gros romans de 300 à 400 pages où il n'y a pas d'images. Ces livres pour les 9–13 ans savent combiner l'humour et le suspense avec le monde du merveilleux des contes de fée, monde où le prince charmant embrasse une belle et la réveille après cent ans de sommeil, où un chat se déplace avec des bottes de sept lieues et où une citrouille se transforme en carrosse. Justement, le début de l'histoire de Harry Potter nous rappelle un peu celle de Cendrillon. Harry est élevé par un oncle et une tante qui le maltraitent. Heureusement, le jour de ses 11 ans, il apprend qu'il est sorcier. Il va donc aller à l'école des sorciers pour découvrir ses pouvoirs magiques. L'univers de Harry est proche de celui des jeunes lecteurs. Il va à l'école, il fait du sport et il a des copains. Mais le monde de Harry est magique. S'il est en retard, il va à l'école en voiture volante. Là, il y a non seulement des fantômes, mais des élèves avec lesquels on peut s'identifier – le timide, la bonne élève qui connaît toutes les réponses, le garçon qui fait toujours des bêtises, etc. Et en plus, il y a la peur qui plaît toujours aux enfants. En effet, Harry va s'attaquer au Mal, le monstre qui a tué ses parents et qui veut dominer les sorciers et le reste de l'humanité. Les enfants adorent leur nouveau sauveur!

---

1 Au commencement, la vie de Harry . . .

2 Comme les parents de Harry sont morts . . .

3 Les enfants aiment les romans de Harry Potter . . .

4 Harry va découvrir ses pouvoirs magiques . . .

5 Pour arriver à l'heure à l'école . . .

6 Ce conte de fée plein de magie . . .

7 A l'école des sorciers il y a des élèves . . .

A comme ceux que l'on rencontre dans les écoles ordinaires.

B Harry utilise une voiture volante.

C est aussi plein d'humour et de suspense.

D fait penser à celle de Cendrillon.

E il est élevé par un oncle et une tante.

F en allant à l'école des sorciers.

G même si ce sont des livres sans illustrations.

Writing 2

Les personnes ci-dessous vont assister à une conférence. Écrivez un e-mail à l'organisateur/trice de chaque conférence. Indiquez quand et de quel endroit chaque personne est partie. Décrivez-la. Finalement, donnez les détails de son arrivée.

Josée Cousin,
secrétaire.

François Muller,
ingénieur.

Claire Ouate,
enquêteuse.

Henri Boivin,
pharmacien.

Listening 3

Écoutez cette interview d'une grand-mère moderne, puis répondez aux questions en anglais.

1 When is grandmothers' day in France?

2 What happened to Micheline that morning?

3 Name some situations when Micheline looks after her grandchildren.

4 Why isn't she always available? Give details.

5 In what way does Micheline play an important part in the life of the family?

6 Does she interfere with the children's education?

7 Name some activities Micheline does with her grandchildren.

8 In what circumstances can grandmothers plays a crucial role, and why?

Writing 3

Au choix: Continuez l'histoire de Sophie ou celle de Thomas.

Sophie

> À 4 ans, j'ai commencé la danse pour faire comme ma sœur. Neuf ans plus tard, je m'y suis mise sérieusement et en faisais douze heures par semaine. Naturellement, je n'avais plus le temps pour grand-chose. Je rentrais de l'école, me changeais, allais à mon cours de danse et quand je rentrais le soir, il était l'heure de se coucher. À seize ans j'ai été admise à l'école supérieure de danse de l'English National Ballet à Kensington. Mon vœu était exaucé. Je pourrais enfin me consacrer à ma passion. J'allais devenir ballerine, peut-être même danseuse étoile . . .

Thomas

> *J'ai toujours aimé courir. J'ai gagné beaucoup de compétitions à l'école. Quand j'étais au lycée, j'ai été admis dans une équipe d'athlétisme très réputée qui a préparé beaucoup d'athlètes connus. Je m'entraînais deux fois par semaine en hiver et trois fois l'été. Je prenais aussi part à des week-ends d'entraînement et, à l'heure du déjeuner, je m'exerçais avec l'équipe scolaire. J'ai gagné pas mal de courses et remporté plusieurs coupes . . .*

Speaking 3

Jeu – Il faut répondre/parler! (*see Introduction*)

Parlez d'un membre de votre famille	Parlez d'un ami ou d'une amie.	Parlez de votre enfance.	Quelle personne célèbre aimeriez-vous rencontrer?
Quel personnage historique aimeriez-vous avoir connu?	Quel personnage historique détestez-vous le plus?	Quelles sont les choses qui vous font plaisir?	Parlez-nous des partis politiques de votre pays.
Qu'est-ce qui vous fait rire?	Racontez un rêve dont vous vous souvenez.	Quel est le dernier livre que vous avez lu?	Parlez-nous d'un bon film que vous avez vu récemment.
Quelle sorte de films aimez-vous?	Vous êtes attiré(e) par quel type d'hommes/ de femmes?	Qu'est-ce qui vous manquerait le plus si vous viviez dans un autre pays?	Donnez deux de vos qualités et deux de vos défauts.
Quelle est, pour vous, la chose la plus difficile de la langue française?	Racontez un incident dont vous avez honte.	Parlez de l'endroit où vous habitez.	Quels sont les vêtements que vous n'aimez pas porter et pourquoi?
Qu'est-ce qui vous fait peur?	Quel est le cadeau qui vous a fait le plus plaisir?	Décrivez votre partenaire idéal(e).	Qu'est-ce que vous aimeriez pouvoir acheter un jour?

Reading 3

Lisez l'article à propos des trottinettes et répondez aux questions en anglais.

LES ANCIENS JOUETS D'ENFANTS SONT DEVENUS LES NOUVEAUX MOYENS DE TRANSPORT DES CITADINS BRANCHÉS*!

D'abord, on a vu des patins à roulettes puis des rollers. Aujourd'hui, ce sont les trottinettes, aussi appelées patinettes, qui envahissent nos villes. Depuis le début de l'année, 50000 personnes à Paris se sont acheté une trottinette. Leur prix varie entre 180 et 1200€ pour les électriques. En effet, la trottinette est à la mode, mais ce n'est pas vraiment révolutionnaire. Il paraît que, dans les années 90, le président de la République Tchèque, Vaclav Havel, l'utilisait pour se déplacer dans son palais. Les plus jeunes préfèrent les couleurs vives – le bleu, le rouge, le vert – tandis que les adultes montrent une préférence marquée pour l'Inox*, dans les tons d'une lame de couteau. Dans les rues des grandes villes, on voit de moins en moins de gens qui marchent et de plus en plus de 'patineurs'. Les avis sont partagés au sujet de sa nouvelle utilisation. D'abord, il faut un certain temps pour trouver son équilibre. Les vrais piétons sont inquiets pour leur sécurité sur les trottoirs. Il y a beaucoup de mauvais 'patineurs' comme il y a de mauvais automobilistes; ils conduisent mal et ils font de l'excès de vitesse. A propos de vitesse, on va plus vite en trottinette sur le plat et dans les descentes, bien sûr, mais dans les montées, il est plus facile de continuer à pied. Les accros* disent que, non seulement la trottinette est rapide, mais elle a aussi résolu leurs problèmes de parking: elle est petite, relativement légère mais surtout, pliable. Donc, à l'arrivée, on la met dans un sac, et le tour est joué. Mais il ne faut pas oublier que la plupart des femmes transportent déjà un sac aussi lourd qu'une valise. Ont-elles envie de porter, en plus, leur moyen de locomotion? Autre inconvénient, l'impossibilité de mettre des chaussures élégantes. Les chaussures archiplates, baskets ou chaussures de sport, sont incontournables. Et puis, même si c'est un bon effort physique, dépenser une telle énergie fait transpirer. Et s'il pleut, peut-on tenir le guidon d'une main et un parapluie de l'autre? Dans ces conditions, il est difficile d'arriver présentable à un rendez-vous d'affaires. Certains murmurent aussi que les moins jeunes ont souvent l'air assez ridicule sur ces petits engins et que tout le monde ne va pas apprécier de développer un mollet (le droit, pour la majorité) de coureur cycliste!

* être branché = *to be with it/to be hooked on something*, l'Inox = *stainless steel*, les accros = *the fanatics*

1 Apart from children's scooters, what other toys can be used as means of transport?

2 Why can it be said that scooters have invaded Paris?

3 Why did Vaclav Havel use one?

4 What differentiates younger and more mature users?

5 What are scooter users called?

6 What are the two main advantages of the scooter?

7 List the disadvantages mentioned in the text.

8 Imagine an English title for this article.

2   Accommodation

Listening 1a

Écoutez la cassette sur Malromé et complétez le texte anglais ci-dessous. *Listen to the cassette about Malromé and complete the English text below.*

The **1** _____ of Malromé is situated in the Bordeaux region which is renowned for its wines. The

countess Adèle de Toulouse-Lautrec, **2** _____ of the famous painter Henri de Toulouse-Lautrec,

bought it in 1883 and spent all her **3** _____ there. The inhabited part is still fully furnished. There

is a study and a large sunny **4** _____ where the artist liked to work. The **5** _____'s private

apartments are **6** _____ , in particular the countess's **7** _____ and her spendid 1900

8 _____ .There is also the **9** _____ used by Henri when he visited. From the old

10 _____ one gets an uninterrupted view of the Malromé vineyard. The last **11** _____ is

devoted to the artist's life and his **12** _____ in the region.

Listening 1b

Écoutez les mini-conversations et complétez. *Listen to the mini-conversations and complete.*

RÉSIDENCE PRINCIPALE		RÉSIDENCE SECONDAIRE	
Location (en ville, dans la banlieue, à la campagne, etc.)	**Type** (appartement, maison, villa, etc.)	**Location** (en ville, dans la banlieue, à la campagne, etc.)	**Type** (appartement, maison, villa, etc.)
1			
2			
3			
4			
5			

Speaking 1a

PARTENAIRE A

Vous êtes le client / la cliente.

1 A la réception. *Greet the receptionist and ask for a room for two, for four nights, with bathroom and television.*

Vous êtes le / la réceptionniste.

2 Cochez la bonne réponse. *Tick the accommodation the customer requires:*

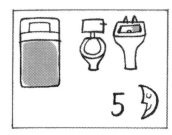   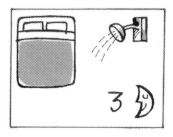   

☐   ☐   ☐

Speaking 1a

PARTENAIRE B

Vous êtes le / la réceptionniste.

1 Cochez la bonne réponse. *Tick the accommodation the customer requires:*

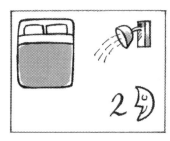   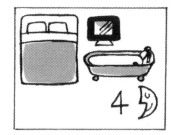   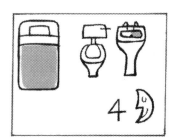

☐   ☐   ☐

Vous êtes le client / la cliente.

2 À la réception. *Greet the receptionist and ask for a room for one, for three nights, with shower and telephone.*

Speaking 1b

PARTENAIRE A

1 Vous êtes le client / la cliente.

À la réception. *Greet the receptionist and ask if there are any rooms available. Ask if breakfast is included. Then enquire if there is a garage and a restaurant. Agree to take the room. Spell your name if asked. Tick off your check list.*

CHAMBRES LIBRES	OUI / NON	PETIT DÉJEUNER COMPRIS	OUI / NON
GARAGE	OUI / NON	RESTAURANT	OUI / NON

2 Vous êtes le / la réceptionniste.

Répondez aux questions de votre client(e). *You have rooms available. Breakfast is extra, it costs 12€. There is television in the rooms and you have a lift. If something is available answer:* Oui, bien sûr. *If not say* Non, je regrette. *Ask the client to spell his / her name and write it down.*

Speaking 1b

PARTENAIRE B

1 Vous êtes le / la réceptionniste.

Répondez aux questions de votre client(e). *You have rooms. Breakfast is included. There is a car park but no garage. You have a restaurant. If something is available answer:* Oui, bien sûr. *If not say* Non, je regrette. *Ask the client to spell his / her name and write it down.*

2 Vous êtes le client / la cliente.

À la réception. *Greet the receptionist and ask if there are any rooms available. Ask if breakfast is included. Ask if there is television in the rooms and if they have a lift. Say you'll take the room and spell your name if asked. Tick off your check list.*

CHAMBRES LIBRES	OUI / NON	PETIT DÉJEUNER COMPRIS	OUI / NON
TÉLÉVISION	OUI / NON	ASCENSEUR	OUI / NON

Speaking 1c

Jeu de Cluedo (see *Introduction*)

Trouvez le criminel/la criminelle, le lieu et l'arme du crime.

Qui?	Où?	Avec quoi?
C'est . . .		Avec . . .
le grand-père .... ☐	dans l'entrée .... ☐	un club de golf .... ☐
la grand-mère .... ☐	dans le salon .... ☐	une raquette de tennis .... ☐
le père .... ☐	dans la salle à manger .. ☐	un bâton de ski .... ☐
la mère .... ☐	dans la cuisine .... ☐	une lampe .... ☐
le fils .... ☐	dans l'escalier .... ☐	un dictionnaire .... ☐
la fille .... ☐	dans la chambre .... ☐	une aiguille à tricoter .... ☐
l'oncle .... ☐	dans la salle de bains ... ☐	un parapluie .... ☐
la tante .... ☐	dans les w.c. .... ☐	un couteau .... ☐
le cousin .... ☐	au grenier .... ☐	un collant .... ☐
la cousine .... ☐	à la cave .... ☐	du poison .... ☐
	dans le garage .... ☐	des ciseaux .... ☐
	dans le jardin .... ☐	un coussin .... ☐

- -

Reading 1

L'invité bizarre! *You have a very strange visitor staying with you! Link the sentences so that his behaviour makes sense.*

1	À la cave	a	il fait le ménage.
2	Dans la salle de bain	b	son chat attrape une souris.
3	Dans sa chambre	c	il donne à manger aux poules.
4	Dans la cuisine	d	il fume en cachette.
5	Dans la basse-cour	e	il goûte le vin.
6	Au salon	f	il chante et il se lave.
7	Dans la salle à manger	g	il joue au tennis.
8	Dans le jardin	h	il regarde la télé et il écoute des CD.
9	Au grenier	i	il épluche les pommes de terre.

Writing 1a

Qu'est-ce qu'il y a dans votre chambre? *Make a list of a dozen items in your own bedroom:*

Dans ma chambre il y a . . .

_____   _____
_____   _____
_____   _____
_____   _____
_____   _____
_____   _____

Writing 1b

Vous partez en vacances. *You are going on holiday for a week. Using the pictures, complete the instructions left for someone looking after a relative in your house.*

> Cher / chère _____
>
> Vous **1** [image] à **2** [image] . Allez chercher **3** [image] de bonne heure,
>
> surtout avant **4** [image] . Tous les matins vous **5** [image] . Après chaque
>
> repas vous **6** [image] . Lundi matin vous **7** [image] et l'après-midi vous
>
> **8** [image] . Mardi vous **9** [image] et mercredi vous **10** [image] .
>
> Si vous avez assez de temps le soir, vous pouvez **11** [image] ou **12** [image] .
>
> Moi, je **13** [image] le vendredi matin, mais faites comme vous voulez. N'oubliez
>
> surtout pas de donner à manger au **14** [image] et au **15** [image] .
>
> Merci bien,
>
> _____

1 _____	6 _____	11 _____
2 _____	7 _____	12 _____
3 _____	8 _____	13 _____
4 _____	9 _____	14 _____
5 _____	10 _____	15 _____

Writing 1c

Faites une liste de dix parties d'une maison et pour chaque endroit écrivez une chose typique qui s'y trouve. *Make a list of ten parts of a house and for each place write down a typical item that might be found there.*

Parties de la maison	Choses typiques
Exemple: le balcon	des fleurs
_____	_____
_____	_____
_____	_____
_____	_____
_____	_____
_____	_____
_____	_____
_____	_____
_____	_____

✂ -

Listening 2

Laquelle de ces annonces correspond à l'appartement de Francine?

1

Calme et charme au cœur de NICE
80m², trois pièces, cuisine équipée, balcon, garage.

2

COTE D'AZUR
— • —
2 pièces plein sud, terrasse, vue sur la mer, accès direct à la plage.

3

Montpellier.
GD SEJOUR + CHBRE, cuisine, salle de bains, w.c. 5ᵉ étage, asc; RÉNOVÉ.

4

Juan-les-Pins.
Appartement de STANDING, luxueusement rénové.
8 tennis, 2 piscines, 1 parcours de santé, terrasse, vue sur la mer. 3 pièces. Endroit tranquille.

5

ARLES,
quartier vivant, 3 pièces, cuisine aménagée, balcon, vue sur la rivière.

6

CASSIS.
Rez-de-chaussée. 3 pièces + terrasse. Chauff. central, climatisé. Parking.

7

Banlieue de TOULON, 2 CHAMBRES + SÉJOUR, commerces, huitième étage, asc; chauff. central, climatisé.

8

COTE D'AZUR
Quartier vivant et bien desservi. Luxueusement rénové, 3 pièces + balcon, vue sur la mer, 5ᵉ étage, asc; parking.

9

Quartier charmant d' HYERES.
Appartement 75m², 3 pièces + terrasse, cave, garage, climatisation.

Speaking 2a

PARTENAIRE A

1 Vous téléphonez à l'Office de Tourisme pour confirmer votre réservation. Votre partenaire commence.

VOUS *(Say you've reserved a gîte in the area. Give the starting date.)*

VOUS *(Give your name, spelling it if necessary.)*

VOUS *(Agree. Ask if there's a fridge.)*

VOUS *(Say, fine. You're a large family, so how many place settings (couverts) are there?)*

VOUS *(Ask if there are enough plates and cups.)*

VOUS *(Ask if the shops are far away.)*

2 Vous êtes employé(e) au Bureau de Tourisme. Cochez les réponses correctes ci-dessous. Vous commencez.

VOUS *Bureau de Tourisme. J'écoute!*

VOUS *C'est de la part de qui?*

VOUS *Alors, m . . . , Sables d'Olonne. Petite villa face à la mer, salle de séjour avec lit canapé, coin cuisine, trois chambres, c'est ça, n'est-ce pas?*

VOUS *Je regrette, m . . . , mais il y a une laverie automatique juste à côté, où il y aussi des séchoirs à linge.*

VOUS *Naturellement, m . . . .*

VOUS *Bien sûr, m . . . .*

VOUS *À cinq minutes en voiture.*

> M _____ a réservé un emplacement / un appartement / une villa au bord de la mer.
> Il / Elle demande s'il y a une machine à laver/ un frigo et s'il y a assez de verres / tasses / et de bacs /
> bols. Il / Elle demande aussi s'il y a beaucoup de casseroles / poêles et un tire-bouchon /
> ouvre-boîte. Il / Elle veut savoir où est la boulangerie / le supermarché / le marché.

Speaking 2a

PARTENAIRE B

1 Vous êtes employé(e) à l'Office du Tourisme. Cochez les réponses correctes ci-dessous. Vous commencez.

VOUS   *Allô! Office du Tourisme.*

VOUS   *C'est de la part de qui?*

VOUS   *Très bien, m . . . . Près de Redon. Grande maison restaurée en pleine campagne, 4 chambres, salon, salle de séjour, cheminée, cuisine équipée . . . C'est bien ça?*

VOUS   *Oui, bien sûr, m . . . , et il y aussi un congélateur.*

VOUS   *Je n'ai pas l'inventaire ici, m . . . , mais je crois qu'il y a environ une douzaine de couteaux et de fourchettes et encore plus de cueillers.*

VOUS   *Je crois bien, m . . . .*

VOUS   *A deux kilomètres.*

M _____ a réservé une villa / un gîte / une caravane dans la région. Il / Elle demande s'il y a un frigo / un aspirateur / un lave-vaisselle là. Il / Elle demande aussi combien de couvercles / casseroles / couverts il y a dans la cuisine et s'il y a assez de bols / d'assiettes et de tasses / verres. Il / Elle veut savoir où est / sont la plage / la piscine / les magasins.

2 Vous téléphonez au Bureau de Tourisme pour confirmer votre réservation. Votre partenaire commence.

VOUS   *(Say you've reserved a villa by the seaside, give the starting date.)*

VOUS   *(Give your name, spelling it if necessary.)*

VOUS   *(Agree. Ask if there's a washing machine.)*

VOUS   *(Say how many you are in the family. Ask if there are enough glasses and bowls.)*

VOUS   *(Say you like cooking. Are there a lot of saucepans and is there a tin opener?)*

VOUS   *(Finally ask if there is a supermarket nearby.)*

Speaking 2b

Jeu – Il faut répondre/parler! (see *Introduction*)

Donnez le nom de deux types de rues.	Citez 4 pièces d'une maison.	Quelle est votre pièce préférée?	Où se trouve la télévision chez vous et quand la regardez-vous?
Chez vous, quel est votre objet préféré?	Citez 5 meubles.	Quelle est la première chose que vous faites quand vous rentrez à la maison et pourquoi?	À votre avis, quelle est la principale qualité d'une maison?
Quels sont les avantages et les inconvénients d'habiter au centre ville?	Nommez 3 appareils électro-ménagers.	Selon vous, quel est l'appareil électro-ménager qui a le plus changé la vie à la maison?	Imaginez que vous allez refaire les peintures. Quelle(s) couleur(s) allez-vous choisir?
Quelle pièce utilisez-vous quand vous avez des invités?	Qu'est-ce que vous offrez quand vous êtes invité à dîner?	Quel animal familier avez-vous? Pourquoi?	Vous entendez-vous bien avec vos voisins?
Les enfants de vos voisins font beaucoup de bruit. Que faites-vous?	Si vous êtes dans le bain ou sous la douche quand le téléphone sonne, que faites-vous?	Un de vos invités allume une cigarette. Que faites-vous?	Décrivez votre maison idéale.

Reading 2a

Devinette – AU CAMPING

1 Type d'emplacement que l'on cherche quand il y a beaucoup de soleil.

O _ _ _ _ _ _

2 Source d'énergie dont on a besoin pour faire marcher les appareils électro-ménagers.

E _ _ _ _ _ _ _ _ _ _

3 Matière qui se trouve sur beaucoup de plages et qui plaît aux enfants.

S _ _ _ _

4 Animal familier qui est souvent accepté sur les terrains de camping.

C _ _ _ _

5 Très utile aux familles nombreuses qui font la lessive fréquemment.

L _ _ _ _ _ _ _   A _ _ _ _ _ _ _ _ _ _ _

6 Endroit, situé à l'intérieur ou à l'extérieur, où on peut nager.

P _ _ _ _ _ _

7 Très pratique, si on n'a pas envie de préparer les repas.

P _ _ _ _   C _ _ _ _ _ _ _ _

8 Dans ces bâtiments il y a des douches, des lavabos et des points d'eau chaude.

B _ _ _ _   S _ _ _ _ _ _ _ _ _

9 On s'en sert s'il fait noir la nuit.

L _ _ _ _   de P _ _ _ _

10 Indispensable si on veut téléphoner à quelqu'un et on n'a plus d'argent.

T _ _ _ _ _ _ _ _

11 Chose très pratique qui remplace les draps et les couvertures.

S _ _   de C _ _ _ _ _ _ _ _

Reading 2b

Lisez la publicité sur l'Hôtel Maisonneuve et répondez aux questions en anglais:

L'hôtel Maisonneuve a été récemment complètement remis à neuf et vous offre aujourd'hui une ambiance unique avec tous les services d'un hôtel moderne à la pointe du confort. Toutes les chambres disposent d'une luxueuse salle de bains, d'un téléviseur couleurs avec télé-commande, d'un bureau, du téléphone et d'un mini-bar. De plus, elles sont toutes climatisées, insonorisées et protégées par notre système de carte-clé à bande magnétique qui vous garantit une totale sécurité.

Jean-Louis Barbier et son équipe, comme tous les autres membres du personnel de l'hôtel, font tout leur possible pour offrir à leurs clients un service personnalisé pour qu'ils se sentent comme chez eux.

Au dernier étage de l'hôtel, nous avons ouvert de nouvelles salles pour des réunions et des conférences, mais aussi pour des repas de mariage, de baptêmes, de communions et autres fêtes et où Claudine Ledoux s'occupera personnellement de vous et de vos invités.

Notre restaurant panoramique vous permettra de profiter pleinement d'un choix de plats gastronomiques et traditionnels, concoctés par notre chef de cuisine Hervé Guérin, plats préparés à base de produits régionaux frais et de toute première qualité, tout en admirant notre merveilleuse ville d'un point de vue unique.

À côté de la réception se trouve le nouveau café-bar où Paul Moreau se fera un plaisir de vous servir des boissons et des snacks d'excellente qualité. L'ambiance y est traditionnelle mais avec une pointe de modernisme et de jeunesse qui le rend accueillant pour tous.

Le restaurant du rez-de-chaussée vous offre une gamme de plats qui vous permettra de faire un repas rapide et à un prix très raisonnable, et tous les matins vous y trouverez un buffet varié où vous pourrez prendre le petit déjeuner selon vos goûts et vos habitudes.

Tous nos clients peuvent profiter de la piscine et du sauna. De plus, nous mettons à leur disposition un grand parking qui se trouve à côté de l'hôtel, et qui a l'avantage d'être situé en plein centre-ville.

1 How well equipped are the rooms at the Hôtel Maisonneuve?

2 What do the staff of the hotel endeavour to do?

3 What is the top floor reserved for?

4 What is special about the restaurant on that floor?

5 What are the advantages of the new 'café-bar'?

6 What can you enjoy in the ground-floor restaurant?

7 What other facilities might attract the visitor to this hotel?

Writing 2

Vous vendez votre maison / appartement. Lisez les annonces ci-dessous puis écrivez une annonce pour votre propre propriété:

■ 1450–10mn gare de Strasbourg.

Maison, quartier résidentiel, 220 m², exposition sud + jardin 520 m².

Rez-de-chaussée: cuisine équipée, salle à manger, salon (cheminée), bureau, wc.

1er: quatre chambres, salle de bains, cabinet de toilette, wc, grenier, chauffage central.

Sous-sol: garage deux voitures.

■ 1550–CORSE DU SUD Golfe de Sagone.

Grand studio meublé, 30 m² + grande terrasse dans résidence.

Au 4ème. Ascenseur, place de parking. 200 m plage.

Grand parc dans la résidence.

Listening 3

Écoutez l'interview d'une mère de famille, Bénédicte Seurat, à propos de ses problèmes de logement, puis répondez Vrai ou Faux.

Lexique: le loyer = *rent,* la DAL = l'Association Droit au Logement (*an organization which helps homeless people find accommodation*), un logement = *accommodation, housing,* défavorisé = *disadvantaged, underprivileged,* les sans-logis = *the homeless*

1 Bénédicte ne pouvait plus payer le loyer parce qu'elle était au chômage.

2 La famille s'est installée dans la caravane des parents du mari de Bénédicte.

3 Bénédicte a quatre enfants.

4 La situation de la famille est devenue plus difficile en hiver.

5 Une banque a aidé la famille à trouver un logement.

6 L'appartement se trouve dans un immeuble réquisitionné.

7 L'appartement ne coûte pas très cher.

8 La famille peut seulement y rester jusqu'au printemps.

Speaking 3

Imaginez que vous avez décidé d'aller en vacances ou d'acheter une résidence secondaire dans un pays francophone. Regardez les petites annonces ci-dessous, choisissez la maison ou l'appartement qui vous convient le mieux, puis expliquez au reste de la classe les raisons de votre choix (achat ou location, taille du logement, situation, coût, etc.)

■ **REF1 – CANNES (COTE D'AZUR)**

10 mn Croisette. Immeuble standing, au 3e, ascenseur. Grand séjour, cuisine équipée, chambre, salle de bains équipée, wc indépendants. Cave. Parking sous-sol. + 10 m^2 balcon terrasse aménagé, store. Le tout plein sud. 118 000 €

■ **REF2 – CANNES (COTE D'AZUR)**

Multipropriété*. Appartement tout équipé pour 8 personnes. Living + terrasse, chambre, terrasse, petite chambre avec 2 lits superposés, salle de bains, W.C. séparés, grands placards, cuisine complètement équipée. Garage. Vue mer, 5 mn plage, piscine. 2 semaines à vie. Période juin, juillet. 12 000 € à débattre.
* timeshare

■ **REF3 – 10 KM NICE (COTE D'AZUR)**

8 personnes. Très belle villa de 300 m^2 sur jardin clos arboré de 2500 m^2, avec belle piscine. 4 chambres.
Prix: de 1 976 € à 4 718 € / semaine.

■ **REF4 – 12 KM CENTRE QUIMPER (BRETAGNE)**

Proximité de tous commerces. Maison neuve moins de 5 ans. Cuisine aménagée, salon poutre cheminée avec chauffage électrique, salle à manger + chambre avec douche, lavabo et wc. Etage: 3 chambres, placards, salle de bains. WC. Garage (Possibilité 2 voitures). Au-dessus grenier. Terrain de 502 m^2. 148 000 €.

■ **REF5 – LA TRANCHE-SUR-MER (VENDEE)**

Dans camping bord de plage. D'avril à octobre, week-end, semaine, quinzaine ou mois. Mobil-home avec terrasse, chauffage + caravanes tout équipés, sur camping. Piscine tempérée avec patogeoire*, tobogan aquatique, tennis, salle de jeux. Tarif dégressif – 40 à 60% selon période.
* paddling pool

■ **REF6 – AUVERGNE AU CŒUR DE LA VALLEE VERTE ET DE SES VOLCANS**

Ville thermale, sportive et culturelle. Proximité base nautique et station de ski. 35 appartements de standing dans prestigieux Hôtel du XIXème siècle. Du studio au 4 pièces Duplex, terrasse ou jardin privatifs. A partir de 58 000 €.

■ **REF7 – DROUZINE LE MONT (HAUTE SAVOIE)**

Entre Morzine et Chatel. De 4 à 6 personnes. Chalet avec 3 chambres, cuisine équipée, salle de bains. Terrain. Prix: à partir de 1.080 € / semaine, selon la saison.

■ **REF 8 – AJACCIO (CORSE)**

2 pièces, 48 m^2, au 1er étage, ascenseur. Entrée, séjour, chambre, cuisine, salle de bains, w.c. séparés. Eau chaude. Cave. 400 m plage, bus, commerces sur place. 70 000 €.

■ **REF9 – GUADELOUPE**

Moule. F2 dans maison située 50 m plage et 2 km centre ville et autres plages. Capacité d'accueil 3 personnes. Cadre agréable. Bien desservie tant au niveau transport pour visite de l'île notamment, qu'au niveau commerces: restaurants, boulangerie, libre-service à proximité. 250 €/semaine ou 700 €/ mois. Transport arrivée/départ aéroport 40 €.

■ **REF10 – MARTINIQUE LES TROIS ILETS**

Villa traditionnelle 7 personnes, vue mer. Jardin 1 000 m^2. Piscine privée. Barbecue. Proximité plage, golf, tennis. 650 € / semaine. Possibilité d'un véhicule à 34 € / jour, 200 € / semaine. Toute l'année.

Reading 3

La Bastide Neuve

Lisez cet extrait et répondez aux questions en anglais.

> La maison s'appelait La Bastide Neuve, mais elle était neuve depuis bien longtemps. C'était une ancienne ferme en ruine, restaurée trente ans plus tôt par un monsieur de la ville, qui vendait des toiles de tente, des serpillières et des balais. Mon père et mon oncle lui payaient un loyer de 80 francs par an que leurs femmes trouvaient un peu exagéré. Mais la maison avait l'air d'une villa – et il y avait 'l'eau à la pile' – c'est-à-dire que l'audacieux marchand de balais avait fait construire une grande citerne, aussi large et presque aussi haute que lui: il suffisait d'ouvrir un robinet de cuivre pour voir couler une eau limpide et fraîche.
>
> Il y avait aussi au rez-de-chaussée, une immense salle à manger (qui avait bien cinq mètres sur quatre) et que décorait grandement une petite cheminée en marbre véritable.
>
> Un escalier, qui faisait un coude, menait aux quatre chambres du premier étage. Par un raffinement moderne les fenêtres de ces chambres étaient munies, entre les vitres et les volets, de cadres qui pouvaient s'ouvrir, et sur lesquels était tendue une fine toile métallique, pour arrêter les insectes de la nuit.
>
> L'éclairage était assuré par des lampes à pétrole, et quelques bougies de secours. Mais comme nous prenions tous nos repas sur la terrasse, sous le figuier, il y avait surtout la lampe-tempête.

(adapted from *La Gloire de mon père* by Marcel Pagnol)

1 Why does the author remark that the house had been new for a long time?

2 What did the owner do for a living?

3 Why were the women unhappy at the cost of the year's rent?

4 What was the particular attraction of this house?

5 What did the large dining room contain?

6 What kind of staircase led up to the bedrooms.

7 Describe the windows in the bedrooms. (*three points*)

8 What did they use for lighting?

9 Where did they have most of their meals?

10 What did they use then?

Writing 3

Vous revenez de voyage. Pendant votre séjour à l'hôtel/au terrain de camping/au gîte vous avez eu un certain nombre de problèmes. Écrivez une lettre de réclamations au propriétaire pour expliquer en détail ce qui vous est arrivé.

3   Occupation

Listening 1a

Cochez les bonnes réponses. *Tick the right answers to the radio quiz about jobs. You may have to tick more than one.*

Quizz – Métiers

1 un fermier ☐   un pêcheur ☐   une serveuse ☐   un médecin ☐   une enquêteuse ☐

2 une actrice ☐   une infirmière ☐   un pompier ☐   un chanteur ☐   un pilote ☐

3 un vendeur ☐   un pompier ☐   un pharmacien ☐   une boulangère ☐   une dentiste ☐

4 un astronaute ☐   une chanteuse ☐   une comptable ☐   une ouvrière ☐   une secrétaire ☐

5 un ingénieur ☐   un cuisinier ☐   une danseuse ☐   une réceptionniste ☐   un professeur ☐

Envoyez vos réponses à: boîte postale 2000, Paris.

Listening 1b

Cochez les bonnes réponses. *Tick the right answers to the radio quiz about famous people.*

1 Placido Domingo ☐   Luciano Pavarotti ☐   Robert Tear ☐   Luis Lima ☐   José Carreras ☐

2 George Lazenby ☐   Pierce Brosnan ☐   Sean Connery ☐   Roger Moore ☐   Timothy Dalton ☐

3 Laurent Hilaire ☐   Darcey Bussell ☐   Lynne Seymour ☐   Cynthia Harvey ☐   Sylvie Guillem ☐

4 Mika Hakkinen ☐   Damon Hill ☐   David Coulthard ☐   Jacques Villeneuve ☐
Michael Schumacher ☐

5 Lisa Minelli ☐   Nancy Sinatra ☐   Gina Lollabrigida ☐   Sophia Loren ☐   Madonna ☐

6 Mo Mowlam ☐   Barbara Castle ☐   Teresa Gorman ☐   Margaret Thatcher ☐   Margaret Beckett ☐

Speaking 1

PARTENAIRE A

1 Répondez aux questions de votre partenaire. *Answer your partner's questions.*

VOUS   *(You work in a factory in Rouen.)*

VOUS   *(No, you're a receptionist.)*

VOUS   *(No, you're a vegetarian, you take a sandwich.)*

VOUS   *(Yes, you have a flat.)*

2 Maintenant posez des questions à votre partenaire et cochez les bonnes réponses. *Now ask your partner questions. Tick the right answers in the box below.*

VOUS   *Est-ce que vous travaillez à Dinard?*

VOUS   *Alors, vous êtes médecin?*

VOUS   *Et vous mangez au restaurant à midi?*

VOUS   *Ah bon! Vous habitez tout près?*

> Mon / Ma partenaire travaille dans un hôpital / une boutique / une clinique près de la mer / de la mairie (de l'hôtel de ville) / de l'hôtel. Il / Elle est infirmier(ère) / dentiste / médecin. À midi il / elle mange à la cantine / au restaurant / à la maison. Il / Elle habite dans un petit appartement / une petite maison / une villa en face.

Speaking 1

PARTENAIRE B

1 Posez des questions à votre partenaire et cochez les bonnes réponses. *Ask your partner questions and tick the right answers in the box below.*

VOUS   *Où travaillez-vous?*

_____

VOUS   *Vous êtes ouvrier / ouvrière?*

_____

VOUS   *Et vous mangez à la cantine à midi, sans doute?*

_____

VOUS   *Habitez-vous aussi à Rouen?*

_____

> Mon / Ma partenaire travaille dans une cuisine / une usine / un magasin à Rouen. Il / Elle est standardiste / parachutiste / réceptionniste. Il / Elle mange au café / à la cantine / Il / Elle emporte un sandwich car il / elle est végétarien(ne). Il / Elle a un appartement / une maison / un compartiment à Rouen.

2 Maintenant répondez aux questions de votre partenaire. *Now answer your partner's questions.*

_____

VOUS   *(Yes, you work in a clinic next to the town hall.)*

_____

VOUS   *(Say no. You're a dentist.)*

_____

VOUS   *(Say no, you eat at home.)*

_____

VOUS   *(Yes, in a little house opposite.)*

Reading 1

Cochez la bonne réponse ou complétez. *Tick the right answer or complete.*

QUESTIONNAIRE – Routine journalière

Sexe: M/F   **Age:** 18–25 25–35 35–45 45–60 60+

1 Est-ce que vous:
travaillez ☐   êtes femme au foyer ☐   êtes au chômage ☐
êtes à la retraite ☐   êtes étudiant(e) ☐

2 Si vous travaillez: à quelle heure quittez-vous la maison?
_____

3 Comment allez-vous au travail?
en bus ☐   en train ☐   à pied ☐   en vélo ☐   en voiture ☐
autres moyens de transport _____

4 À quelle heure commencez-vous? _____

5 Quand rentrez-vous à la maison? _____

6 Il y a combien de personnes chez vous? _____

7 Qui fait le ménage chez vous? _____

8 Qui fait les courses et quand? _____

9 Quand est-ce qu'on prend le petit déjeuner?
(a) pendant la semaine _____
(b) le week-end _____

10 À quelle heure dînez-vous?
(a) pendant la semaine _____
(b) le week-end _____

Writing 1a

Vous cherchez un travail temporaire en France. Remplissez le formulaire de l'agence de placement. *You are looking for a temporary job in France. Fill in the employment agency's form.*

DEMANDE D'EMPLOI TEMPORAIRE

NOM: _____

PRÉNOM(S): _____

DATE DE NAISSANCE: _____

SITUATION DE FAMILLE: _____

TRAVAIL RECHERCHÉ: 1er choix _____

                 2ème choix _____

VILLE/RÉGION DEMANDÉE: 1er choix _____

                 2ème choix _____

LANGUE(S) PARLÉE(S): _____

_____

LOISIRS: _____

DATES DISPONIBLES: _____

Writing 1b

Lisez les demandes d'emploi. *Read the job ads and write one for yourself.*

Jeune
CUISINIER 33,
cherche emploi dans un restaurant de qualité aux environs de Bordeaux.

Spécialité Plats VÉGÉTARIENS

Sympa, amusant, toujours de bonne humeur.

B.P. 65843

COMPTABLE,

45 ans, dans une grande entreprise centre Rouen; cherche poste avec responsabilité et bonne rémunération à Paris.

Sérieuse, responsable, capable de travailler aux limites.

Non-fumeuse.

B.P. 00721

Listening 2

Listen to the voice-over for cameras hidden in the Béranger family's house, recording their daily activities.
Choisissez les bonnes réponses. *Choose the right answers.*

LA TÉLÉ-RÉALITÉ
Par le trou de la serrure (*Through the keyhole*)

1 M. Béranger (a) se lave et se rase en six minutes (b) se lave et se brosse les dents en dix minutes (c) se rase et se lave en dix minutes.

2 Mme Béranger dit (a) aux garçons (b) aux filles (c) à son mari de se dépêcher.

3 M. Béranger se brûle (a) parce qu'il a trop chaud (b) parce que le café est trop chaud (c) parce que le thé est trop chaud.

4 Les jumelles se lèvent avec difficulté parce qu'elles (a) ont mal à la tête (b) se couchent tôt (c) se couchent tard.

5 Christine se dépêche pour être dans la salle de bain avant (a) sa sœur (b) sa mère (c) son père.

6 Mme Béranger demande aux enfants de ne pas (a) se salir (b) se battre (c) se disputer.

7 Une des jumelles veut prendre (a) un bain (b) une douche (c) son petit déjeuner avant de descendre.

8 L'autre veut se brosser (a) les dents (b) les cheveux (c) les chevaux avant de prendre son petit déjeuner.

9 Le bus part dans (a) cinq minutes (b) cinquante minutes (c) un quart d'heure.

10 Mme Béranger n'a le temps (a) ni de se coiffer ni de se raser (b) ni de se maquiller ni de se chausser (c) ni de se maquiller ni de se coiffer.

1	2	3	4	5	6	7	8	9	10

Speaking 2a

PARTENAIRE A

1 Répondez aux questions de votre partenaire.

VOUS *(You're a stunt actor / actress (**cascadeur / cascadeuse**).)*

VOUS *(That depends on the film. But you usually start at about 11 o'clock in the morning.)*

VOUS *(Yes, you travel a lot. Say which countries you've been to this year.)*

VOUS *(First it's dangerous. You have to be young and fit. Also it's not very well paid.)*

VOUS *(Yes. The work is very varied and you are free. You wouldn't like to be shut up all day.)*

2 Maintenant posez des questions à votre partenaire et cochez les bonnes réponses.

VOUS *Quel est votre métier?*

VOUS *Ah bon! Je suppose que votre journée, ou plutôt votre soirée de travail est assez longue?*

VOUS *Cela doit être bien fatigant. Est-ce que vous aimez votre travail?*

VOUS *Et comment sont vos clients?*

VOUS *Quels sont les avantages?*

Mon / Ma partenaire est pompier / croupier / brigadier. Ses heures de travail sont longues / courtes / allongées. Il / Elle est / n'est pas souvent libre au week-end et il / elle ne peut pas / ne veut pas sortir avec la famille / des amis. Il / Elle aime son métier parce que c'est assez bien / très bien / trop bien payé et il / elle adore / déteste l'ambiance au casino.

Speaking 2a

PARTENAIRE B

1 Posez des questions à votre partenaire et cochez les bonnes réponses.

VOUS   *Que faites-vous dans la vie?*

_____

VOUS   *Ça doit être bien intéressant. Je suppose que votre journée de travail est assez irrégulière?*

_____

VOUS   *Et vous partez pendant de longues périodes?*

_____

VOUS   *Quels sont les inconvénients de votre métier?*

_____

VOUS   *Cela m'étonne! Mais vous êtes content(e) de ce que vous faites?*

_____

> Mon / Ma partenaire est prestidigitateur / -trice / cascadeur / -deuse / chauffeur. Il / Elle voyage peu / beaucoup / rarement pour son travail. Pour ce genre de travail on doit être jeune / âgé(e) et en forme / uniforme. Il / Elle aime son métier parce que c'est / ce n'est pas varié. Il / Elle se sent libéré(e) / libre et aime être en plein air / en pleine campagne.

2 Maintenant répondez aux questions de votre partenaire.

_____

VOUS   *(You're a croupier (**croupier**) at the casino in Deauville.)*

_____

VOUS   *(Yes. You begin at eight o'clock in the evening and you finish late, at four o'clock in the morning.)*

_____

VOUS   *(Yes and no. You are not often free at the week-end and you can't go out with your friends.)*

_____

VOUS   *(Some are disagreeable and treat you as inferiors, but there are a lot of them who are very nice.)*

_____

VOUS   *(You like the contact with people. You love the atmosphere in the casino and the work is quite well paid.)*

_____

Speaking 2b

Jeu – Quel est mon métier?

Chaque étudiant choisit un métier. Il décrit ce qu'il/elle fait petit à petit en commençant par les choses les plus générales. Le reste de la classe peut être divisée en deux équipes. Chaque personne/équipe doit essayer de deviner le métier le plus vite possible. Le professeur peut commencer avec l'exemple suivant:

- J'aime bien mon travail parce qu'il est varié et me permet de rencontrer beaucoup de gens.
- Je dois servir à boire et à manger.
- Je porte un uniforme et je dois toujours être élégante.
- Je dois pouvoir parler plusieurs langues.
- Quelquefois je vends du parfum, des boissons alcooliques, des cigarettes et des cigares.
- À la fin de la journée je suis très fatiguée. J'ai des horaires irréguliers et il m'arrive de travailler la nuit.
- Je voyage très souvent, en général à l'étranger, et quelquefois dans des pays lointains.
- On me rencontre dans les aéroports et dans les avions.
- Je suis . . . hôtesse de l'air!

Reading 2a

Trouvez les réponses qui correspondent aux questions de l'interview. Attention, il y a seulement 5 questions mais 7 réponses!

Questions

1 Vous excercez ce métier depuis combien de temps?
2 Comment êtes-vous arrivé à cette profession?
3 Quelles sont les qualités nécessaires pour devenir expert-comptable et travailler à son compte?
4 Quels sont, selon vous, les avantages de votre travail?
5 Et quels en sont les inconvénients, à votre avis?

Réponses

A Après deux ans à l'université, j'ai choisi de changer de voie et d'essayer de réaliser mon rêve d'enfance.

B Je dois dire que j'ai un peu honte de ce que je fais car c'est un métier qui n'intéresse personne. Quand j'en parle, à cause de son caractère technique, j'ai peur d'ennuyer les gens.

C Après des études assez longues et difficiles. J'ai d'abord travaillé dans un cabinet, puis j'ai monté ma propre affaire avec un associé.

D Je suis expert-comptable depuis neuf ans. Je travaille à mon compte depuis cinq ans.

E C'est un métier qui demande travail et intelligence. Il faut aussi des capacités d'entreprendre et de diriger.

F J'y trouve, malgré la faitgue et le bas salaire, un véritable plaisir, notamment dans les occasions de rencontre qu'il offre.

G Je gagne bien ma vie et je m'offre pleins d'activités et de loisirs pendant mon temps libre.

Reading 2b

Outline the main points of these news items to an English friend. He / she wants to know the subject of the article, the job it concerns and any details you think relevant.

Géologue au-dessus du Vésuve

Lucia Civetta dirige l'observatoire du plus célèbre volcan d'Europe – le Vésuve. Première femme à exercer cette fonction, elle se montre rassurante quant à une future éruption. Ce peut être dans dix ans comme dans cent ans, dit-elle. Ce qui est sûr, c'est qu'il y aura une éruption explosive. Mais elle ne déclare pas, comme certains scientifiques, le Vésuve prêt à une éruption aussi forte que celle de 1631 (4,000 victimes). Mais si jamais le Vésuve se réveillait? Elle sera là pour un évènement unique dans sa vie de géologue.

Le massage au bureau

Les douleurs du dos et de la nuque, les épaules contractées, le stress sont souvent le lot du travailleur. Christine Boucomont, relaxogue, se déplace pour soulager le salarié sur son lieu de travail. Sa méthode: des massages effectués selon les grands principes de la médecine chinoise pour favoriser l'élimination des toxines, détendre des muscles et faire circuler l'énergie vitale. Selon elle, ses clients sont plus assidus à la tâche, après leur séance de massage.

Writing 2

Votre ami(e) français(e) vous pose des questions sur votre nouveau poste. Répondez à ses questions, en utilisant des phrases complètes.

> Cher ... / Chère ...
>
> Merci de votre lettre. Moi aussi, j'ai passé de bonnes vacances. Je suis allée en Vendée, au bord de la mer.
>
> Vous ne m'avez pas beaucoup parlé de votre nouvel emploi la dernière fois que vous m'avez écrit. Où se trouve votre nouveau lieu de travail? Est-il loin de chez vous? Et comment y allez-vous? Moi, je suis obligée de prendre le bus. Le trajet est long et fatigant. Il me faut environ une heure pour arriver au bureau. Combien d'heures travaillez-vous par jour? Moi, je commence à 8 heures et demie et je finis à 6 heures du soir. J'ai une heure pour déjeuner. En général, après avoir fait les courses, je rentre à la maison vers 8 heures du soir. C'est une longue journée!
>
> Comment sont vos nouveaux collègues? Heureusement, les miens sont plutôt sympa. Je vais souvent manger avec eux le midi. Et vous? Que faites-vous à l'heure du déjeuner? Finalement, dites-moi si vous êtes content(e) d'avoir changé d'emploi, si vous aimez votre nouveau travail, et pourquoi.
>
> Toutes mes amitiés,
> Marie-Pascale

Listening 3

Listen to the interview on holiday jobs for young people at *colonies de vacances* and make notes. Then write a report in English for a magazine advertising holiday jobs for students. Give details of what the course entails and how long it takes. Describe the three stages, saying when they take place. Then say what happens when the student obtains his / her BAFA diploma. Add any extra information or advice you think necessary.

Speaking 3

Offres d'emploi

Travaillez avec un(e) partenaire. Choisissez une des annonces d'offres d'emploi. Imaginez que vous êtes au stade de l'entretien. Une personne joue le rôle du/de la candidat(e), l'autre le rôle de l'employeur. Posez des questions sur les raisons de la demande d'emploi, l'expérience, les diplômes, la personnalité du/de la candidat(e), etc.

1

STAGES-LANGUES
recherche
RECEPTIONNISTE/ASSISTANT(E) BILINGUE
3/4 ou temps plein
- *Recevoir les stagiaires et prendre les appels*
- *Expliquer et promouvoir les cours et séjours linguistiques*
- *Rédaction, courriers, devis, rapports fin de stages*

Pour une personne rapide, bilingue anglais/français

Envoyer CV, lettre de motivation manuscrite et photo à Christine Sauveur
STAGES-LANGUES
20 cours Victor Hugo, 33 167 Bordeaux

2

ACCUEIL PLUS

Nous recrutons pour des sites internationaux de prestige (luxe, finance . . .)
**HOTES/HOTESSES D'ACCUEIL
HOTESSES STANDARDISTES**
Temps partiel (30 à 35 heures), Paris-Région parisienne
Vous avez une excellente présentation, un bon niveau d'anglais et de français, et vous êtes motivé(e) par un vrai métier de contact.
Un emploi, une formation, une réelle expérience: 3 clés pour réussir!
Envoyer CV, lettre et photo au 88 rue de la Bastille
75018 Paris

3

GRANDE BRASSERIE PARISIENNE
recherche
SERVEURS ET HOTES D'ACCUEIL
Anglais exigé

Merci de vous présenter tous les jours au restaurant de 10h à 11h,
muni de votre CV et d'une lettre de motivation au:

145 boulevard du Montparnasse – 75014 PARIS
ou d'adresser votre candidature par courrier, à la même adresse.

Speaking 3

4

ÉCOLE DE LANGUES DU VAL

RECRUTE

FORMATEUR DE LANGUE MATERNELLE ANGLAISE

Formation RSA – TEFL
3 ans d'expérience minimum en formation continue
Anglais professionnel
Excellente présentation

Contactez: **Cécile Page**
École de Langues du Val
31 rue Jean Jaurès – 78140 Le Pecq

5

Recherchons

SECRÉTAIRE-COMMERCIALE

mi-temps • Jeune & dynamique
Bilingue français-anglais • Bonnes notions comptabilité
Parfaite connaissance Word-Excel/PC • Envoyer lettre + CV

EMT SARL

25 rue Aristide Briand
92300 Courbevoie

6

Neuilly (92), cherche jeune femme de confiance, *non-fumeuse*, pour garder ma fille, 9 ans, lundi-vendredi (16h30–20h30) + tâches ménagères. Parlant français mais de langue maternelle anglaise.

Email: lebrun@poste.net

7

CABINET CONSEIL

recherche 1 hôtesse standardiste parfaitement bilingue français, anglais, horaires 13h30–18h30, connaissances informatique, bonne présentation.

Envoyer lettre et CV: **13 rue Léo Delibes, 75016, Paris.**

Cabinet d'avocats recrute pour ses équipes

OPÉRATEURS TRAITEMENT DE TEXTE

bilingues h/f

Horaires au choix:
9h30–18h00 Réf. J/002T ou 18h30–01h30 Réf. N/002T

Production de documents d'après textes, documents types existants ou cassettes audio. Très bonne vitesse de frappe et bonne connaissance de Word.
Parfaite maîtrise du français et de l'anglais (lu et écrit).

Pour ces postes:
Si vous êtes rigoureux(se), dynamique et organisé(e), venez nous rejoindre et développer vos compétences dans un environnement international stimulant.

Merci d'adresser lettre manuscrite, CV, photo et prétentions sous référence choisie à:

EXECUTIVE SERVICES
Département des ressources humaines
65 Bd. du Montparnasse · BP 352 · 75917 – Paris Cedex 15

Camping "Le Paradis"

recherche

RECEPTIONNISTE

pour s'occuper des touristes et travailler au bureau.

Ecrire à Mme Solange Jourdain
Camping "Le Paradis"
Chemin de la Plage, 85360 La Tranche-sur-Mer

9

Reading 3

Lisez le résumé de la biographie de Coluche.

Coluche, de son vrai nom Michel Colucci, est né en 1944. Très jeune il a été orphelin de père et il a dû commencer à travailler dès l'âge de 15 ans. Il a fait divers petits boulots et en 1968, il est devenu chanteur ambulant. Il a ensuite travaillé comme régisseur* dans un cabaret. Le monde du spectacle lui a plu et, en collaboration avec un comédien*, il a loué un atelier de réparation de moteurs, l'a transformé et l'a baptisé "le Café de la gare". Des artistes comme les acteurs Gérard Depardieu ou Miou-Miou ou comme le chanteur Renaud y ont travaillé avec lui. Mais c'est grâce à ses sketches comiques à la radio puis à la télévision, en particulier "le Schmilblick" en 1975, qu'il a connu le succès. Dans ses sketches il critique, d'un humour qui n'est pas toujours du goût de tout le monde, tous les défauts de notre société. En 1981, il a été candidat à la présidence de la République. Selon les sondages de l'époque il a réussi à obtenir plus de dix pour cent des intentions de vote, mais il a éventuellement été forcé à se désister*. Il a tourné dans plus de vingt films de 1969 à 1985. En 1983 il a reçu le césar du meilleur acteur pour son rôle dans "Tchao Pantin" de Claude Berri. En octobre 1985 il a fait un appel à la radio pour lancer l'idée des Restos du Cœur, une association caritative destinée à donner des repas aux sans-logis*. Il décrivait cette association comme un restaurant qui aurait comme ambition de distribuer deux ou trois mille couverts par jour. Les premiers centres ont ouvert en hiver 85/86. 5.000 bénévoles y ont distribué 8,5 millions de repas. Malheureusement, Coluche est mort prématurément dans un accident de moto le 19 juin 1986. Cependant il reste bien vivant dans le cœur de tous les Français. Son association, loin d'être temporaire, est toujours bien vivante. Pendant l'hiver 96/97, 61 millions de repas ont été distribués par 31.000 bénévoles. Le mouvement s'est développé et s'occupe aujourd'hui d'aider les pauvres non seulement à manger, mais aussi à trouver un toit et du travail.

*régisseur=*stage manager*, comédien=*actor*, se désister=*to stand down*, sans-logis=*homeless*

Complétez le texte avec le vocabulaire ci-dessous.

connus   cinéma   tué   jobs   aimé   célèbre
mort   lancé   s'appelait   manger   césar   garage

Coluche **1** _____ en réalité Michel Colucci. Son père est **2** _____ quand il était très jeune. Il a fait toutes sortes de **3** _____ différents. Il a été régisseur dans un cabaret et il a **4** _____ le monde du spectacle. Il a lui-même ouvert un cabaret dans un ancien **5** _____ où il a travaillé avec des artistes qui sont aujourd'hui très **6** _____ . Mais ce sont ses sketches à la radio et à la télé qui l'ont rendu **7** _____ . Il a aussi fait beaucoup de **8** _____ et a obtenu un **9** _____ en 1983. Coluche s'est **10** _____ dans un accident de moto peu de temps après avoir créé une association pour donner à **11** _____ aux sans-logis. Heureusement, le mouvement qu'il a **12** _____ en 1985 n'a pas cessé de se développer.

Writing 3

Au choix:

1 Choisissez une des **Offres d'emploi** (pages 37–8) et écrivez une lettre de candidature. Donnez vos coordonnées, mentionnez vos études de français et votre expérience professionnelle, donnez les dates à laquelle vous pouvez travailler et posez deux questions sur l'emploi.

2 Les femmes peuvent faire exactement le même travail que les hommes. Etes-vous d'accord? / Que pensez-vous du travail des femmes?

Writing 3

Au choix:

1 Choisissez une des **Offres d'emploi** (pages 37–8) et écrivez une lettre de candidature. Donnez vos coordonnées, mentionnez vos études de français et votre expérience professionnelle, donnez les dates à laquelle vous pouvez travailler et posez deux questions sur l'emploi.

2 Les femmes peuvent faire exactement le même travail que les hommes. Etes-vous d'accord? / Que pensez-vous du travail des femmes?

Writing 3

Au choix:

1 Choisissez une des **Offres d'emploi** (pages 37–8) et écrivez une lettre de candidature. Donnez vos coordonnées, mentionnez vos études de français et votre expérience professionnelle, donnez les dates à laquelle vous pouvez travailler et posez deux questions sur l'emploi.

2 Les femmes peuvent faire exactement le même travail que les hommes. Etes-vous d'accord? / Que pensez-vous du travail des femmes?

4   Free time and entertainment

Listening 1

Écoutez 10 personnes parler de leurs loisirs. Prenez des notes en anglais. *Listen to 10 people being interviewed, and make notes in English on their leisure activities.*

1 _____

2 _____

3 _____

4 _____

5 _____

6 _____

7 _____

8 _____

9 _____

10 _____

Reading 1

Trouvez 10 passe-temps. *Find ten hobbies.*

O	P	E	R	U	G	B	Y	W	Z
C	S	Q	U	A	S	H	R	E	F
N	P	U	C	I	B	O	R	É	A
L	A	I	C	O	U	T	U	R	E
N	M	T	T	E	L	S	Y	N	I
I	V	A	A	I	R	É	I	H	O
A	F	T	I	T	G	S	V	F	P
G	A	I	O	B	I	N	L	S	N
O	I	O	R	U	E	O	D	U	J
Y	F	N	C	C	G	I	N	L	P

Speaking 1a – INFO-SPORT

PARTENAIRE A

1 Interviewez votre partenaire. Cochez les bonnes réponses. *Using the pictures as cues, interview your partner to find out if they do / like the sports below. Tick the correct answers.*

VOUS   Bonjour, m . . . . Je voudrais vous poser quelques questions . . .

Votre partenaire joue / ne joue pas au tennis, et / mais il / elle joue / ne joue pas au golf. Il / Elle aime / n'aime pas l'athlétisme. Il / Elle fait du ski / ne fait pas de ski. Il / Elle est / n'est pas sportif / sportive.

2 Répondez aux questions de votre partenaire. *Answer your partner's questions about sport.*

Speaking 1a – INFO-SPORT

PARTENAIRE B

1 Répondez aux questions de votre partenaire. *Answer your partner's questions about sport.*

2 Interviewez votre partenaire. Cochez les bonnes réponses. *Using the pictures as cues, interview your partner to find out if they do / like the sports below. Tick the correct answers.*

VOUS   Pardon, m . . . . Je fais une enquête sur le sport . . .

Votre partenaire aime / n'aime pas la natation. Il / Elle joue / ne joue pas au football. Il / Elle fait de l'équitation / ne fait pas d'équitation et / mais il / elle fait du vélo / ne fait pas de vélo. Il / Elle est / n'est pas sportif / sportive.

Speaking 1b – INFO-MUSIQUE

PARTENAIRE A

1 Interviewez votre partenaire. *Interview your partner about music. Use the cues in French to ask questions, then tick the correct answers on the questionnaire.*

VOUS Pardon, m . . .

Aimez-vous . . .?

Préférez-vous . . .?

Vous écoutez . . .?

Est-ce que vous jouez . . .?

> **Questionnaire tempo** ♩♩♩♩♩♩♩♩♩
>
> _____
>
> aime / n'aime pas la musique moderne
>
> préfère la musique pop / classique
>
> écoute souvent / quelquefois la radio / n'écoute jamais la radio
>
> joue / ne joue pas d'un instrument de musique
>
> ***Instrument préféré*** _____

2 Répondez aux questions de votre partenaire. *Answer your partner's questions about music.*

Speaking 1b – INFO-MUSIQUE

PARTENAIRE B

1 Répondez aux questions de votre partenaire. *Answer your partner's questions about music.*

2 Interviewez votre partenaire. *Interview your partner about music. Use the cues in French to ask questions, then tick the correct answers on the questionnaire.*

VOUS Pardon, m . . . .

Qu'est-ce que vous préférez comme musique?

Écoutez-vous . . .?

Regardez-vous souvent . . .?

Vous aimez . . .?

> **Questionnaire da capo** ♩♩♩♩♩♩♩♩♩
>
> _____
>
> préfère la musique classique / pop / le jazz / le rock / autres:
>
> écoute la radio / des cassettes / des CD
>
> regarde souvent / quelquefois / rarement la télé
>
> aime / n'aime pas chanter
>
> ***Chanson préférée*** _____

Writing 1

Vous cherchez un(e) correspondant(e). Écrivez votre petite annonce. *Write your own ad for a pen-friend.*

Exemple:

À LA RECHERCHE DE L'AMITIÉ

Marie-Claire (45 ans) cherche correspondant(e) aux États-Unis; parle un peu d'anglais. Passe-temps: tricot, collection de timbres, cinéma.

Jules (38 ans) très timide, cherche correspondant(e) sympa en Italie: parle italien. Passe-temps: karaté, musique rock, lecture.

Votre annonce

_____ (_____) _____

_____

_____

Passe-temps: _____

_____

_____

_____

Listening 2

Écoutez le programme de la semaine et notez le jour où chaque activité a lieu: lundi, mardi, etc.

1 Sports nautiques. Le rafting, le kayak ou le canoë. Soirée libre.

2 Randonnées pédestres et équestres dans la région. Soirée: séance de cinéma en ville.

3 Visite centre VTT Location de vélos et de VTT 15 sentiers pédestres. VTT 16 circuits.

4 Soir: départ à 20h.

5 Sortie en groupe. Visite de la ville ancienne, musée de peinture. Promenade en bateau. Soirée: Concours-vacances.

6 Arrivée vers 18h. Possibilité de tennis de table ou jeux de société.

Speaking 2

PARTENAIRE A

1 Vous êtes Paul / Paulette.

Téléphonez à votre ami(e) Michel(le). Demandez-lui si il / elle veut sortir avec vous pendant le week-end.

Si NON, proposez une autre date.
Si OUI, proposez le concert, l'opéra, le musée, le cinéma, etc. et décidez où et quand vous allez vous retrouver.

> Miche(le) veut / ne veut pas // peut / ne peut pas sortir avec moi pendant le week-end. Il / Elle a accepté / refusé mon invitation parce que _____
> On va aller _____
> On va se retrouver _____
> _____

2 Vous êtes Dominique.

Votre ami(e) Yves / Yvette vous téléphone pour vous demander de sortir avec lui / elle samedi ou dimanche. D'abord refusez et donnez une raison valable (vous n'êtes pas libre, il y a trop de monde, c'est trop cher, etc.). Puis acceptez et prenez rendez-vous.

Speaking 2

PARTENAIRE B

1 Vous êtes Michel(le).

Votre ami(e) Paul / Paulette vous téléphone pour vous demander si vous avez envie de sortir avec lui / elle pendant le week-end. D'abord, refusez et donnez une raison valable (vous êtes fatigué(e), le film ne vous intéresse pas, il fait trop froid, etc.). Puis acceptez et prenez rendez-vous.

2 Vous êtes Yves / Yvette.

Téléphonez à votre ami(e) Dominique pour lui demander de sortir avec vous (samedi ou dimanche).

Si NON, proposez une autre date.
Si OUI, proposez une visite au zoo / à une exposition / à une station balnéaire / à un parc d'attraction, etc. et décidez où et quand vous allez vous retrouver.

> Dominique veut / ne veut pas / peut / ne peut pas passer la journée avec moi samedi / dimanche.
> Il / Elle a accepté / refusé mon invitation parce que _____
> On va aller _____
> On va se retrouver _____
> _____

Reading 2

Le week-end de Jean-Pierre semble un peu bizarre! Utilisez les mots ci-dessous pour remplacer les erreurs et donner un sens à son histoire.

**cuisine   cinéma   Scrabble   à la campagne   promenade
foot   piscine   équitation   natation   théâtre**

Un week-end bien rempli

Vendredi soir je suis rentré à la maison vers 18 heures. J'ai regardé le match de crochet à la télé, puis j'ai pris un petit verre avant de faire la lessive. Après le repas, j'ai décidé d'aller au supermarché avec un ami, voir le nouveau James Bond. Samedi matin, je suis allé à la mairie pour faire un peu de badminton. L'après-midi, je suis sorti avec ma petite amie et nous avons fait une belle patinoire dans les bois. Quand nous sommes rentrés chez elle, nous avons joué au squash avec sa grand-mère. Dimanche matin, nous sommes allés en ville chez des fermiers qui ont des chevaux pour faire un peu d'aérobic. Finalement, le soir, nous sommes allés au centre commercial voir une pièce de Molière.

Writing 2a

Votre comité de jumelage (*town twinning*) vous a demandé de faire une liste d'activités que vous aimez ou aimeriez faire et une liste d'activités que vous n'aimez pas ou n'aimeriez pas faire, en vue de trouver votre famille française idéale. Pour chaque activité, donnez la raison pour laquelle vous l'aimez ou ne l'aimez pas.

Exemples: J'aime aller au cinéma. Le cinéma m'intéresse.
ou   Je n'aimerais pas aller au cinéma. Je ne parle pas bien le français.
             Je n'aime pas faire du ski. J'ai peur!
ou   J'aimerais pas faire du ski. J'adore la neige et la montagne.

Writing 2b

CAMPING LES LILAS

à 1km d'une plage de sable fin

LOISIRS
• *terrain de volley-ball* •
• *tennis de table* •

ENVIRONNEMENT
• *complexe sportif ultra-moderne* •
• *avec piscine ludique* •
• *centre nautique – voile / planche à voile / jet-ski* •

PROXIMITÉ
• *Restaurants / discothèques* •

Vous passez le week-end au camping Les Lilas.
Écrivez une carte postale à un(e) ami(e).
Décrivez:
le temps qu'il fait;
ce que vous avez fait hier;
ce que vous allez faire demain;
et donnez un autre détail
de votre choix.

Listening 3

Écoutez le service téléphonique donnant des renseignements sur les visites des monuments et les promenades à Paris. Complétez le texte en ajoutant les détails qui manquent.

Arc de Triomphe, place du Général de Gaulle, _____ de 10h à 22h30 (octobre à mars) et de 9h30 à 23h (avril à septembre). Caisses fermées 30 mn avant. Entrée 8€. Tarif réduit 5€. _____ pour les moins de 12 ans. _____ le 1er janvier.

Notre-Dame, métro Cité. <u>Tours</u>: 01 44 32 16 72, tous les jours _____ (caisses fermées 45 mn avant). Entrée 7€. Tarif réduit 4€50. <u>Trésor</u>: _____ de 9h30 à 11h30 et de 13h à 17h30. Fermé pendant les fêtes religieuses. Entrée 3€. Tarif réduit 2€. _____ 1€.

Palais Garnier, _____ . Informations: _____ . Tous les jours de 10h à 17h ou 18h (du 19 juillet au 5 septembre). Entrée 6€. Tarif réduit 4€. Gratuit pour les moins de 10 ans. _____ tous les jours à 13h _____ et à 13h15 _____ . Salle de spectacle parfois fermée au public pour raisons techniques ou artistiques.

Sacré-Cœur, 35, rue du Chevalier-de-la-Barre, métro Anvers. <u>Basilique</u>: Tous les jours _____ . Entrée _____ . <u>Dôme et Crypte</u>: Tous les jours de 9h à 18h (octobre à mars) ou 19h (avril à septembre). Entrée 3€ (6€ _____) . Tarif réduit 1€50.

Tour Eiffel, Champs-de-Mars, métro Bir-Hakeim, RER Champs-de-Mars. Tous les jours _____ de 9h à 23h. - _____ : 3ème étage: 12€. 2ème étage: 8€50. 1er étage: 4€20. Tarif réduit jusqu'à 11 ans. - _____ : 1er et 2ème étages: 3€. Au 1er étage: "Observatoire des mouvements du sommet". Cineiffel audio-visuel sur l'histoire de la Tour Eiffel. _____ ouvert tous les jours de 10h à 19h. Au 2ème étage: Galaxie des visiteurs.

Tour Montparnasse, entrée rue de l'Arrivée. Visite panoramique. _____ : belvédère abrité et climatisé avec exposition et film sur Paris. Entrée 9€. 6€ pour les enfants et 7€ pour _____ et _____ . Tous les jours de 9h30 à 23h30 (22h30 d'octobre à mars) (_____ 30 mn avant la fermeture).

Grande Arche de La Défense, parvis de La Défense, RER et métro Grande Arche. Entrée 8€50 (_____ 6€50 pour les moins de 18 ans) comprenant: _____ depuis le belvédère, sur l'axe historique, salles d'exposition et des maquettes, vidéos sur la construction de l'Arche. Ouvert _____ .

Bateaux-Mouches, embarcadère pont de l'Alma, rive droite, métro Alma-Marceau. _____ : 01 40 76 99 99. Réservations: _____ . Traversée capitale: _____ à 11h, 14h30, 16h, 17h, 18h, 19h, 20h, et 21h. Durée 1h. _____ : 8€ et 4€ (de 4 à 12 ans). Déjeuner-croisière: samedi, dimanche et fêtes à 13h. Durée 1h45. Dîner-croisière: tous les soirs à 20h30. Durée 2h15. Réservation _____ .

Speaking 3

Jeu de groupe

Une personne choisit une activité liée aux loisirs (jouer au tennis, nager, écouter la radio, aller au cinéma, etc.) et les autres membres du groupe doivent trouver l'activité en posant des questions et en remplaçant l'activité par le verbe *choser* (qui n'existe pas!). La personne interrogée répond par 'oui' ou par 'non'.

Exemples de questions:

- Est-ce que *choser* est un sport?

- Est-ce que *choser* est difficile / dangereux, etc.?

- Est-ce qu'on peut *choser* à la maison / au bord de la mer, etc.?

- Est-ce que *choser* coûte cher?

- Est-ce qu'il faut porter des vêtements spéciaux pour *choser*?

Writing 3

Au choix:

1 Vous faites partie du comité de jumelage de votre ville / village. Pour trouver les meilleurs partenaires pour chaque famille, les membres sont chargés de préparer un questionnaire sur les passe-temps, destiné aux membres de la ville / du village français(e).

2 Vous êtes allé(e) voir un film ou une pièce de théâtre récemment. Écrivez à un(e) ami(e) français(e) pour lui en parler. Donnez les détails suivants:

- Où?

- Quand?

- Avec qui?

Expliquez le sujet du film / de la pièce et donnez votre avis.

Reading 3

Le *Figaroscope* présente les expositions du moment à Paris. Un ami anglais qui ne parle pas bien français mais qui s'intéresse à ces expositions vous pose les questions suivantes. Répondez-lui.

ANDY WARHOL. Espace photographique de Paris. Nouveau Forum des Halles, place Carrée – 4 à 8, Grande Galerie (1er). Tél: 01 40 26 87 12. M° Châtelet-Les-Halles. Jusqu'au 31 juillet. Tlj sf lun de 13 h à 18 h, sam, dim jusqu'à 19 h. ◆ Avec *Andy Warhol les chroniques sociales (et photographiques) se transforment en une série de portraits qui parlent de décrépitude et de vieillesse. Une société follement artificielle et bien oubliée aujourd'hui.*

ART – PAYS-BAYS – XXE SIÈCLE, LA BEAUTÉ EXACTE, DE VAN GOGH A MONDRIAN. Musée d'Art moderne de la Ville de Paris, 12, ave de New York (16e). Tél: 01 40 70 11 10. M° Alma-Marceau. Jusqu'au 17 juillet. Tlj sf lun et fêtes de 10 h à 17 h 30, sam dim de 10 h à 19 h. Ouvert. Excep. le 14 juillet de 10 h à 19 h. Ateliers pour enfants (comprenant l'exposition Du concept à l'image). ◆ *Après la Belgique et l'Allemagne un point de vue sur la peinture des Pays-Bas à travers l'autoportrait, le paysage et l'abstraction. Et 80 œuvres de Mondrian. Un événement exceptionnel.*

IMPRESSIONNISME, LES ORIGINES 1859–1869. Grand Palais, galeries nationales, ave W-Churchill, ple Clemenceau, av Gal-Eisenhower (8e). Tél: 01 44 13 17 30. M° Champs-Elysées-Clémenceau. Jusqu'au 8 août. Tlj sf mar de 10 h à 20 h, mer jusqu'à 22 h. ◆ *C'est dans l'atelier de Nadar que naquit l'Impressionnisme. Une vraie révolution avec l'éclosion de jeunes artistes nommés Renoir, Monet, Bazille, Pissarro, Cézanne ... Cette exposition explore les dix premières années fondatrices d'une esthétique qui allait déboucher sur l'art moderne. Louez vos places.*

CHAGALL ET SES TOILES, EXPOSITION–JEU A LA DÉCOUVERTE D'UN GRAND PEINTRE POUR ENFANTS 4–12 ANS. Jardin d'Acclimatation, musée en Herbe, bois de Boulogne, boulevard des Sablons (16e). Tél: 01 40 67 97 66. M° Sablons. Jusqu'au 30 décembre. Tlj de 10 h à 18 h, sam de 14 h à 18 h, du 6 juillet au 4 septembre. Ateliers tlj de 14 h 30 à 16 h. Réserv.: 01.40.67.97.66. ◆ *Autour de la reproduction du «Rêve» et de treize autres œuvres de Chagall, une manière ludique de découvrir le cheminement créatif d'un artiste.*

CHAOS, AUX LIMITES DU PRÉDICTIBLE. Palais de la découverte, antichambre de la salle 49, ave Franklin-Roosevelt (8e). Tél: 01 40 74 80 00. M° Franklin-Roosevelt. Jusqu'au 25 septembre. Tlj sf lun de 9 h 30 à 18 h, dim et jours fériés de 10 h à 19 h. ◆ *Un parcours à travers la science et la théorie du chaos à partir de simulations sur ordinateur et de films vidéo. Passionnant.*

PARLER PROVINCES: DES IMAGES, DES COSTUMES. Musée national des arts et traditions populaires, 6, av du Mahatma-Gandhi (16e). Tél: 01 44 17 60 00. M° Sablons, bus 73. Jusqu'au 26 décembre. Tlj sf mar de 9 h 45 à 17 h 15. ◆ *Naissance de la mode ou tout au moins ce qui va la populariser : le catalogue. Un excellent témoignage sur la diversité du vêtement dans les campagnes.*

Expo Andy Warhol

1 What is the theme of the exhibition?

2 What day is it closed?

Expo Art – Pays-Bas

3 Until what date is it being held?

4 Would it be interesting for children?

5 What kinds of Dutch paintings are being exhibited?

Expo Impressionnisme

6 Is it possible to go late in the evening?

7 Do you think it is a very popular event? Why?

Expo Chagall

8 In what way is this particular exhibition of Chagall's works special?

9 How many pictures can be seen?

Expo Chaos

10 How is the theory on chaos presented?

Expo Provinces

11 Where is the **Musée national des arts et des traditions populaires** and how can you get there?

12 What exhibition is on till the end of the year?

5 Communication and social contact

Listening 1

Écoutez les mini-conversations et trouvez à qui on parle et quand. Cochez les bonnes réponses. *Listen to the mini-conversations and find out who one is talking to and when. Tick the right answers. If the speaker is talking to several men in the evening, for example, tick the boxes HOMMES and SOIR.*

	JEUNE FILLE	FEMME	HOMME	JOUR	SOIR
1					
2					
3					
4					
5					

	ENFANTS	JEUNES FILLES	HOMMES	FEMMES	JOUR	SOIR
6						
7						
8						
9						
10						

Speaking 1

PARTENAIRE A

1 Vous arrivez à l'arrêt d'autobus. *You arrive at the bus stop. Speak to someone in the queue. Ask if you can catch a bus from here to one of the following destinations:*

the shopping centre / the swimming pool / the library / the skating rink / the town hall / the stadium / the castle / the police station / Jean Moulin secondary school.

If the answer is YES, ask how long the person has been waiting, then when the next bus is. If the answer is NO, ask where the other bus stop is, then repeat the directions.

2 Maintenant vous faites la queue devant le cinéma MAXI. Complétez le texte ci-dessous. *Now you're queuing at the MAXI cinema. Tell the passer-by where the film he / she wants is on, then answer any other questions put to you. Complete the box below.*

MAXI (ici): Karaoké, Le bateau, 2001
ROYAL (en face de la gare, 20 mn à pied): L'espion qui m'aimait, Voyage au centre de la terre, Apollo 13
MAGIC (tout près, de l'autre côté de la rivière): Une peur bleue, Carroussel, La marée cramoisie

Le passant / La passante demande si c'est la queue pour _____ . Le film passe au cinéma _____ . Le passant / La passante veut savoir quelle heure il est / si le bon cinéma est loin d'ici.

Speaking 1

PARTENAIRE B

1 Vous attendez le bus numéro 39, à l'arrêt d'autobus. Complétez le texte ci-dessous. *You're waiting at the bus-stop for the number 39 bus. Tell the passer-by which bus he / she needs, then answer any other questions put to you. Complete the box below.*

39 (ici): la bibliothèque, la mairie, le commissariat de police
52 (coin de la rue): le centre commercial, la piscine, le collège Jean Moulin
47 (première rue à droite): la patinoire, le stade, le château

Le passant / La passante va _____ . Il / Elle doit prendre le bus numéro _____ . Il / Elle veut savoir quand part le prochain bus / où est le bon arrêt d'autobus.

2 Vous arrivez devant le cinéma. *You arrive outside the cinema. Ask someone if it's the queue for one of the following films:*
Use: C'est bien la queue pour . . .?

Karaoké / L'espion qui m'aimait / Une peur bleue / Carroussel / Voyage au centre de la terre / Le bateau / La marée cramoisie / Apollo 13 / 2001

*If the answer is YES, ask what time the film starts. Say you've lost your watch (**ma montre**) and ask what time it is now. If the answer is NO, ask where the film is on, and how far away the cinema is.*

Reading 1

Reliez les phrases / questions et les réponses correspondantes. *Link the sentences / questions and the corresponding replies.*

1 Il y a un garage?

2 Aujourd'hui, c'est mon anniversaire.

3 J'ai visité le château de Fontainebleau.

4 Le petit déjeuner est compris?

5 Du poulet rôti, s'il vous plaît.

6 Vous avez visité le Louvre récemment?

7 Merci bien, monsieur l'agent.

8 Pardon, je cherche le Syndicat d'Initiative.

9 Mon anniversaire, c'est le 29 février.

10 Il y a une grosse araignée dans la salle de bain.

a Désolé, il n'y en a plus.

b À votre service, Madame.

c Ah, vous n'avez pas de chance!

d Vous y êtes!

e Quelle horreur! J'en ai peur!

f Non, mais il y a un parking.

g C'était intéressant?

h Ah non, il y a toujours trop de monde.

i Non, c'est en plus.

j Alors, tu as quel âge, maintenant?

Writing 1

Complétez. *Complete the text of the guide's speech to the visitors.*

Mesdames, mesdemoiselles, **1** _____ , bonjour et **2** _____ au musée des

Beaux Arts à Nonoville. Je **3** _____ Claude Pouget et je suis votre **4** _____

au musée aujourd'hui. Je sais qu'il y a plusieurs groupes de **5** _____ ici en ce moment.

D'abord, **6** _____ le groupe du Troisième Age de Dinan – bonjour messieurs-dames, celui

des écoliers de Nantes – bonjour les **7** _____ , et un groupe d'étudiants de Fougères –

alors **8** _____ à tout le monde.

Nous allons visiter en premier la salle Pleyel où il y a beaucoup de tableaux très intéressants. Venez avec

moi, **9** _____ . Vous avez vos billets? **10** _____ . La visite commence tout

de suite.

Listening 2

Écoutez les trois conversations. Prenez des notes en anglais sous les titres suivants:

1 SITUATION

_____

_____

COMPLICATION

_____

_____

DECISION

_____

_____

2 SITUATION

_____

_____

COMPLICATION

_____

_____

DECISION

_____

_____

3 SITUATION

_____

_____

COMPLICATION

_____

_____

DECISION

_____

_____

Speaking 2a

Jeu – C'est vrai? (see *Introduction*)

Use the sets of cards to practise with a partner. Partner A is checking information about Partner B. He / She has to find out if the facts are correct by making statements (e.g. Vous avez un fils*). If the statement is correct, Partner B will say 'C'est vrai!' and Partner A will tick the box. Whenever the information is wrong, Partner B will set the record straight and Partner A will enter the correct data on the form. Greet your partner politely and at the end thank him / her for the information. Take it in turns.*

Nom	Âge	Adresse	Situation de famille	Enfants	Métier
1 DUCLOS Dominique					
2 ROCHER Fabien(ne)					
3 MARAIS Claude					
4 BROSSET Jules / Julie					
5 LEROY Jean(ne)					
6 CORBEILLE Michel(le)					
7 DUPRÉ Paul(ette)					
8 LE GOFF Yves / Yvette					
9 LEBŒUF Simon(e)					
10 CALIN Pierre(tte)					
11 FOURNIER Gabriel(le)					
12 SOLOGNE Pascal(e)					

Speaking 2a

A1 C'EST VRAI? Dominique Duclos 49 ans Trouville 38 rue Kléber 1 fille	**B1 C'EST VRAI.** Dominique Duclos 47 ans Deauville 38 rue Kléber 1 fils	**A2 C'EST VRAI?** Fabien(ne) Rocher 45 ans Cognac 69 rue Bonaparte 2 filles	**B2 C'EST VRAI.** Fabien(ne) Rocher 45 ans Carnac 67 rue Bonaparte 2 filles
A3 C'EST VRAI? Claude Marais 24 ans Tours 52 rue de Gaulle marié(e)	**B3 C'EST VRAI.** Claude Marais 25 ans Toulouse 52 rue de Gaulle célibataire	**A4 C'EST VRAI?** Jules / Julie Brosset 33 ans Nîmes 86 avenue Pasteur 1 fils	**B4 C'EST VRAI.** Jules / Julie Brosset 35 ans Nantes 86 boulevard Pasteur 2 fils
A5 C'EST VRAI? Jean(ne) Leroy 56 ans Lyon 150 chemin des puits marié(e)	**B5 C'EST VRAI.** Jean(ne) Leroy 58 ans Lille 150 rue des puits divorcé(e)	**A6 C'EST VRAI?** Michel(le) Corbeille Cherbourg 152 rue de la gare Tél: 05 29 22 53 3 fils	**B6 C'EST VRAI.** Michel(le) Corbeille Strasbourg 125 rue de la gare Tél: 05 29 22 53 2 fils
A7 C'EST VRAI? Paul(ette) Dupré 41 ans 142 rue de Genève 1 fille Travail: Bureau	**B7 C'EST VRAI.** Paul(ette) Dupré 42 ans 152 rue de Genève 1 fille Travail: Banque	**A8 C'EST VRAI?** Yves / Yvette le Goff Barfleur Tél: 01 48 21 90 Petit(e) ami(e) 2 filles	**B8 C'EST VRAI.** Yves / Yvette le Goff Honfleur Tél: 01 48 21 95 Petit(e) ami(e) 2 fils
A9 C'EST VRAI? Simon(e) Lebœuf Dinan appartement Tél: 01 48 28 33 Jumeaux	**B9 C'EST VRAI.** Simon(e) Lebœuf Dinard appartement Tél: 01 48 29 32 Jumelles	**A10 C'EST VRAI?** Pierre(tte) Calin 37 ans 2 filles 11 rue Victor Hugo Travail: Hôtel	**B10 C'EST VRAI.** Pierre(tte) Calin 37 ans 1 fille, 1 fils 11 place Victor Hugo Travail: Hôpital
A11 C'EST VRAI? Gabriel(le) Fournier 28 ans 3 fils, 1 fille 51 place Clémenceau Tél: 04 78 34 26	**B11 C'EST VRAI.** Gabriel(le) Fournier 28 ans 2 fils, 2 filles 15 place Clémenceau Tél: 04 78 43 27	**A12 C'EST VRAI?** Pascal(e) Sologne Marié(e) 4 fils, 1 fille 48 boulevard Sartre Travail: Collège	**B12 C'EST VRAI.** Pascal(e) Sologne Marié(e) 5 fils, 1 fille 148 avenue Sartre Travail: Clinique

Speaking 2b

PARTENAIRE A

1 Vous êtes représentant(e). Vous travaillez pour la Maison Tounature. Vous téléphonez à la Société Plexiplan. Votre partenaire (le/la standardiste) commence:

_____

VOUS *(Say you'd like to speak to M. Lascaux.)*

_____

VOUS *(Say no, you need to speak to him in person. Ask him to call you back as soon as possible.)*

_____

VOUS *(Give details.)*

_____

VOUS *(Answer the question.)*

_____

VOUS *(Do as you are asked.)*

_____

VOUS *(Give a suitable reply.)*

2 Maintenant vous êtes le / la standardiste, puis M. / Mme Lacroix, de la Maison Tounature. Vous commencez:

VOUS *Allô! Maison Tounature, j'écoute.*

_____

VOUS *Ne quittez pas . . . Allô! M. / Mme Lacroix à l'appareil.*

_____

VOUS *Ah bonjour, M. / Mme . . . Qu'y a-t-il pour votre service?*

_____

VOUS *Au début de la semaine prochaine, ça ira?*

_____

VOUS *Très bien. Un instant que je consulte mon agenda . . . Oui, je suis libre.*

_____

VOUS *Parfait. Comme ça nous pourrons déjeuner ensemble.*

Speaking 2b

PARTENAIRE B

1 Vous êtes standardiste à la Société Plexiplan.
Vous commencez:

VOUS *Allô! Société Plexiplan!*

_____

VOUS *Je regrette, mais il est en réunion. Est-ce que je peux vous aider?*

_____

VOUS *Bien sûr! Pouvez-vous me donner vos coordonnées, m . . .?*

_____

VOUS *Oui. Et quel est le nom de votre entreprise?*

_____

VOUS *Pouvez-vous épeler, s'il vous plaît?*

_____

VOUS *Très bien. Je lui ferai la commission.*

2 Maintenant vous êtes le / la représentant(e) de la Société Plexiplan. Vous téléphonez à la Maison Tounature. Vous voulez parler à M. / Mme Lacroix. Votre partenaire commence:

_____

VOUS *(Ask for the extension number you want.)*

_____

VOUS *(Greet M. / Mme Lacroix. Say who you are and which organisation you represent.)*

_____

VOUS *(Say you'd like to make an appointment to see him / her as soon as possible.)*

_____

VOUS *(Say except Wednesday. Suggest another day.)*

_____

VOUS *(Suggest a time late morning, and ask if that suits him / her.)*

_____

VOUS *(Give a suitable reply.)*

Reading 2

Ces deux lettres, écrites sur ordinateur, ont été mélangées pendant le traitement de texte. Débrouillez-les!

Chère Gigi

Nous avoiens bn reçu votre lettre de candidature pour le poste de secrétaire comptable bilingue (anglais). Maintenant je comprends pourquoi. C'est super que tu aies reçu une réponse de l'entreprise où tu souhaites trouver un poste. Nous vous serions donc reconnaissants de bien vouloir nous contacter dans les plus brefs délais afin de convenir d'un rendez-vous. Si tu réussis, écris-moi le plus vite possible, de préférence avant Pâques, car début avril je serai en Espagne pour affaires.

Dans l'attente du plaisir de vous recevoir, veuillez agréer, Mademoiselle, l'expression de nos sentiments distingués.

Augustin

Chef du Personnel

Mademoiselle

J'ai été très content de recevoir ta lettre car ça fait bien longtemps que je n'ai pas eu de tes nouvelles. Nous sommes heureux de vous annoncer que votre curriculum vitae a retenu notre attention et que nous aimerions avoir un entretien avec vous, si possible avant le 25 mars, car je vais partir deux semaines en vacances avec Stéphanie à ce moment-là.

Je suis sûr que l'entretien se passera bien et que tu n'auras aucune difficulté à t'exprimer.

Je t'embrasse,

M. Chevreuil

Writing 2

Charles et Suzanne se marient. Vous êtes invité(e) à la cérémonie et au repas qui aura lieu après la bénédiction nuptiale. Répondez au faire-part et à l'invitation suivants:

MADAME ROGER DUMOULIN   MONSIEUR ET MADAME ANDRÉ VIGNOLES
MONSIEUR ET MADAME   MONSIEUR ET MADAME JEAN-PIERRE
ALAIN DUMOULIN   CHARPENTIER

ont l'honneur de vous faire part du mariage de
leurs petits-enfants et enfants

Suzanne et Charles

et vous prie d'assister à la bénédiction nuptiale qui leur sera donnée
le samedi 18 avril à 16 heures en l'église St. Paul à Reims

62 RUE DE LA LIBERTÉ   83 AVENUE JEAN JAURÈS
REIMS   REIMS

Madame Alain Dumoulin
Madame Jean-Pierre Charpentier
— • —
recevront en l'honneur de leurs enfants
au restaurant 'Les Cicadas' à Reims
à partir de 19 heures

62 rue de la Liberté   83 avenue Jean Jaurès
Reims   Reims

Reading 3

Après la parution d'un article sur les téléphones mobiles, les lecteurs ont écrit au magazine pour donner leur avis. Répondez aux questions sur ces lettres en anglais:

> **C'est un véritable cauchemar! Après un déménagement rapide et traumatisant, nous nous retrouvons avec une antenne-relais sur le toit du bâtiment d'en face. À notre insu, Boudin Télécom a été autorisé à l'installer il y a seulement quelques semaines. J'ai quatre enfants dont deux très petits, trois ans et dix-huit mois et j'ai très peur pour eux. Il est impossible de vivre avec une exposition permanente à un champ magnétique. Inquiète.**
>
> **Sylvie Moreau, dans les Ardennes**

1 Where has the radio aerial been installed?

2 Why is Sylvie particularly concerned about her children?

> Après une longue période de chômage, j'ai été ravi qu'on m'offre un poste d'ingénieur dans l'entreprise Boudin Télécom. Nous avons enfin pu acheter la maison de nos rêves et ma femme n'est plus obligée de faire des sacrifices et de dire 'non' aux enfants. Imaginez notre consternation face à l'attitude de nos voisins envers Boudin Télécom. Ma femme n'ose pas dire ce que je fais et nous avons peur que les enfants en parlent à l'école. Je comprends très bien l'inquiétude des gens envers les nouvelles technologies, mais il faut vivre avec son temps et accepter le progrès. À mon avis, les dangers ont été beaucoup exagérés.
>
> Philippe X, côté de Boudin.

3 Why was Philippe so delighted to be offered his present job?

4 What problems have arisen since he took up the post?

5 What is his attitude towards the new technology?

> Suite à une décision municipale autorisant Nonoville Télécom à implanter un pylône de radiotéléphonie sur un espace de loisirs, sans que la population ait été consultée, nous avons créé une association. À part nos journaux locaux, un seul magazine national, Sciences Aujourd'hui, s'est intéressé à notre problème, et nous a répondu. Cette apathie nous donne des doutes quant à l'indépendance de la presse et de la télévision face à la puissance des grandes entreprises. Comme le scandale des antennes-radio concerne toutes les régions de France, nous allons essayer de nous regrouper en une association nationale pour protéger les droits et la santé des citoyens français.
>
> Louis Rambert, Association pour la sauvegarde de l'environnement.

6 At what point did Louis and his neighbours decide to set up an association?

7 Why is he dubious about the independence of the press?

8 What is his association hoping to do?

Reading 3

> Si une personne se plaint du fait qu'il y ait des antennes installées tout près de chez elle, je lui demande tout de suite si elle possède un portable. Réponse affirmative: je lui conseille alors de s'en débarrasser. Son petit machin est beaucoup plus dangereux au point de vue radiation, que les antennes. Si nous voulons profiter de la nouvelle technologie, il nous faut en accepter certains inconvénients, certains risques même. C'est une question d'équilibre.
>
> Magalie Béranger, Bretagne

9 What does Magalie advise mobile phone users to do, if they complain about radio aerials?

10 Why?

11 What does she say we have to do if we want new technology?

> Ce que je trouve de particulièrement désagréable, c'est d'entendre partout les banalités des autres – dans la rue, dans le train, dans les grandes surfaces, même à l'église pendant la messe! Les gens ne respectent plus rien, surtout les jeunes! En plus, nous voici maintenant obligés de subir l'implantation de ces monstres en fer (ou plus exactement d'enfer!) dans les champs et dans les prés de notre belle France! Continuez votre campagne, Sciences Aujourd'hui, je suis totalement pour!
>
> Richard Godard, Vendée.

12 What does Richard particularly dislike?

13 What else upsets him?

> Je suis mère célibataire et j'ai besoin de mon portable. C'est ma sécurité quand je vais chercher mes ados à la discothèque ou à la boîte de nuit, mais aussi quand je dois travailler tard le soir. C'est vital pour moi, cher Sciences Aujourd'hui. Ne m'en privez pas!
>
> Corinne Dorade, Marseille

14 Why does Corinne need her mobile phone?

15 How old are her children?

Listening 3

Écoutez une conversation à propos de l'émission 'Qui veut gagner des millions?' et répondez aux questions en anglais.

1 How many countries have bought 'Who wants to be a millionaire?'?

2 How successful is it?

3 Where does the game originate?

4 What makes it so popular?

5 How much can people expect to win in France?

6 How does it compare to other prizes on TV?

7 Where does the prize money come from?

8 How is it done?

9 What is used to ensure that potential candidates will call?

10 What is the number to call in France?

Speaking 3

Tous les membres du groupe préparent 1 ou 2 affirmations. A tour de rôle, les étudiants lisent une affirmation et à chaque fois, d'autres étudiants doivent dire s'il sont d'accord ou non et donner au moins une raison.

Exemples:

1 *Affirmation* – Je trouve que la cuisine italienne est meilleure que la cuisine française.
    Réactions – Je suis d'accord. Personnellement, j'adore les pâtes!
    – Vous avez tort. À mon avis, la cuisine française est beaucoup plus variée!

2 *Affirmation* – Je trouve que les téléphones portables sont indispensables.
    Réactions – Vous avez raison. C'est particulièrement utile quand on doit sortir le soir.
    – Moi je ne suis pas d'accord avec vous. Je pense qu'ils sont dangereux.

Writing 3

Lisez les lettres de 'Reading 3'.

Au choix:

1 Vous voulez, vous aussi, donner votre avis au sujet des antennes et des portables. Écrivez une lettre au magazine.

2 Imaginez que vous êtes rédacteur/rédactrice au magazine. Écrivez une réponse à vos lecteurs.

6   Holidays and tourism

Listening 1a

Écoutez et cochez les bons dessins. *Listen to the directions and tick the right pictures.*

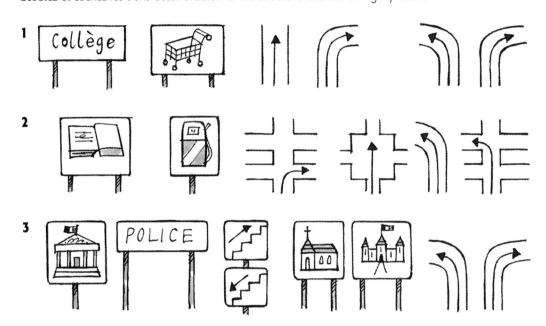

Listening 1b

Écoutez et complétez. *Listen to the information on Saumur and fill in the missing times and dates.*

Soyez la bienvenue à Saumur!

Le château de Saumur est ouvert toute l'année –

1 du _____ juin au trente septembre de 9 heures à _____ heures;

2 du premier octobre au _____ mai, de 9 heures à 12 heures et de _____ heures à 17 heures 30;

3 (sauf le _____ du premier octobre au trente et un mars, le _____ décembre et le premier janvier).

L'École Nationale d'équitation

4 est ouverte d'avril à _____ du lundi après-midi au samedi _____ inclus.

5 départ des visites guidées de 9 heures 30 à _____ heures, et de 14 heures à _____ heures.

Speaking 1

PARTENAIRE A

1 Posez des questions. *Ask how far away / where things are and make notes:*

1A   C'est loin, . . .?   le château _____

la piscine _____

le camping Beausite _____

1B   Où est / sont . . .?   la poste _____

l'égise St. Jean _____

les toilettes _____

2 Répondez. *Answer your partner, using the information below:*

C'est . . .

à 150m   à 15mn à pied   à 12 km

au milieu de la place   entre la banque et le café   en face de l'hôtel

Speaking 1

PARTENAIRE B

1 Répondez. *Answer your partner, using the information below:*

C'est . . .

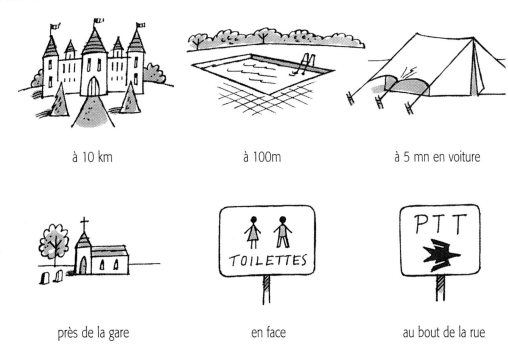

à 10 km   à 100m   à 5 mn en voiture

près de la gare   en face   au bout de la rue

2 Posez des questions. *Ask how far away things are. Say what you are looking for and make notes:*

2A C'est loin?   le stade _____

la patinoire _____

le supermarché Promo _____

2B Je cherche   la gare _____

la mairie _____

l'Office du Tourisme _____

Listening 1c

Quel temps fait-il? Écoutez 8 personnes parler du temps et, à chaque fois, dites s'il fait **beau** ou **mauvais**. *What's the weather like? Listen to 8 people talking about the weather and, in each case, say whether it is good or bad.*

1 _____ 2 _____ 3 _____ 4 _____

5 _____ 6 _____ 7 _____ 8 _____

Reading 1

Mettez la table des matières d'un guide du Limousin dans le bon ordre. *The list of contents of the French tourist guide has somehow got in the wrong order. Check with the English version and match the pages accordingly.*

1 and 2
Map of Limousin
3
Tourist routes
Lakes and stretches of water
4
Archaeological sites
Most beautiful villages in France
Museums
5
China
Enamel
6
Tapestry
Castles
7
Contemporary Art
Limoges
8
Parks and gardens
Limousin Festivals
9
Rambling
Good Food
10
List of brochures
Address book

(i et ii)
Liste des brochures
Carnets d'adresses
(iii)
La porcelaine
L'émail
(iv)
Parcs et jardins
Le Limousin en fête
(v)
La tapisserie
Les châteaux
(vi)
Carte du Limousin
(vii)
La randonnée
La gastronomie
(viii)
Les sites archéologiques
Les plus beaux villages de France
Les musées
(ix)
Les routes touristiques
Les lacs et les plans d'eau
(x)
L'art contemporain
Limoges

Writing 1a

On parle week-end. Complétez la conversation. *Talking about weekends. Complete the conversation by using correctly the verbs given in the infinitive and answering the questions.*

prendre   descendre   travailler   comprendre

- Vous partez souvent en week-end, Francine?
- Un week-end sur deux. Mon petit ami **1** _____ pour la SNCF.
- Ah! Je **2** _____ ! Des tarifs spéciaux . . . alors vous **3** _____ toujours le train.
- Oui, mais la gare est assez loin, donc Boris vient me chercher en voiture.
- Vous descendez à l'hôtel?
- En général non. Nous **4** _____ seulement à l'hôtel, si nous fêtons quelque chose.
- Un anniversaire par exemple.
- Mais vous **5** _____ vos repas au restaurant, au moins?
- Et que faites-vous quand il fait mauvais?
- Bien sûr
- _____
- Et s'il fait beau?
- _____

Writing 1b

Répondez aux questions. *Answer the questions*

- Quand vous partez en week-end, où allez-vous?
- Prenez-vous le train?
- Descendez-vous quelquefois à l'hôtel?
- Où prenez-vous les repas?
- Que faites-vous pendant le week-end?

Listening 2a

Écoutez 5 personnes faire des projets pour le week-end. Remplissez la grille ci-dessous. *Listen to 5 people making plans for the weekend. Fill in the grid below.*

	Temps prévu	**Activité prévue**	**Vêtements, etc. à emporter**
Normandie			
Alpes			
Vallée de la Loire			
Bruxelles			
Monaco			

Listening 2b

Écoutez la publicité *France Vacances*. Prenez des notes pour expliquer à un(e) ami(e) anglais(e) ce qu'il y a à voir et à faire dans les différentes régions: en Bourgogne, en Corse et à la Martinique.

Speaking 2

PARTENAIRE A

1 Vous êtes touriste. Vous demandez des renseignements au bureau de tourisme à Chinon. C'est l'employé(e) qui commence.

_____

VOUS   *(Ask what there is to visit at Chinon.)*

_____

VOUS   *(Say it's a historic castle, isn't it. The castle of Henry II of England.)*

_____

VOUS   *(Show your interest and ask if there are guided tours.)*

_____

VOUS   *(Say fine, then ask what there is to do in the evening.)*

_____

VOUS   *(Ask if you have to reserve.)*

_____

VOUS   *(Ask for leaflets and information on something that interests you.)*

2 Maintenant vous êtes employé(e) au syndicat d'initiative à Chartres. Répondez aux questions du / de la touriste et complétez le formulaire. Vous commencez:

VOUS   *Messieurs-dames! Qu'y a-t-il pour votre service?*

_____

VOUS   *Voyons, il y a le vieux quartier, le musée des beaux-arts, et naturellement il y a la belle cathédrale!*

_____

VOUS   *Ça vaut la peine, elle est vraiment impressionnante!*

_____

VOUS   *Bien sûr! En effet, il y a un concert de musique française ce soir – des œuvres de Debussy, de Fauré, de Berlioz . . .*

_____

VOUS   *Sur place, m . . . juste avant le concert.*

_____

VOUS   *A neuf heures du soir.*

SONDAGE – CHARTRES – CULTURE Cochez ou écrivez les réponses données.

Date de la visite _____ .
Raison principale de la visite   ☐ cathédrale   ☐ vieille ville   ☐ musée
Assistera / n'assistera pas au concert de musique française ce soir. _____ .
Compositeur préféré   ☐ Fauré   ☐ Berlioz   ☐ Debussy
Autre visite projetée _____ .

Speaking 2

PARTENAIRE B

1 Vous travaillez au bureau de tourisme à Chinon. Répondez aux questions du / de la touriste et complétez le formulaire. Vous commencez:

VOUS *Bonjour, m . . . . Vous désirez?*

_____

VOUS *Évidemment il y a beaucoup de choses. Il y a la ville médiévale avec ses petites rues étroites. Il y a aussi le château avec le musée de cire . . .*

_____

VOUS *C'est exact. Il y a aussi des rapports avec Jeanne d'Arc qui est venu ici en 1427.*

_____

VOUS *Bien sûr. La visite guidée dure trois quarts d'heure.*

_____

VOUS *Par exemple, il y a beaucoup de bons restaurants, il y a des spectacles, des concerts . . . En fait il y a un Son et Lumière au château en ce moment.*

_____

VOUS *Je pense bien.*

_____

VOUS *Voilà, m . . . .*

DEMANDE – Touriste no. *15* Cochez les réponses.

SEXE M/F

Demande renseignements sur	☐ les environs	☐ la ville médiévale	☐ le château
Demande dépliants sur	☐ la restauration	☐ le vieux quartier	☐ les concerts
	☐ le Son et Lumière	☐ autre	

2 Maintenant vous êtes touriste. Vous demandez des renseignements au syndicat d'initiative à Chartres. C'est l'employé(e) qui commence:

_____

VOUS *(Ask what there is to see at Chartres.)*

_____

VOUS *(Say when you are going to visit it.)*

_____

VOUS *(Ask if there are any concerts there in the evening.)*

_____

VOUS *(Express a preference for one of the composers mentioned, and ask where you get tickets.)*

_____

VOUS *(Ask when it starts.)*

_____

VOUS *(You are pleased. Say what you intend to do in the mean time.)*

Reading 2

Lisez les infos sur les fêtes en France. *Read the information on festivals in France and fill in the chart for an English magazine.*

Cet été ne manquez surtout pas . . .

Riom-ès-Montagnes (Cantal)
Fête de la gentiane du 7–9 juillet. Préparation d'extrait de gentiane et dégustation de ses produits: apéritifs, produits laitiers, confiseries locales, chocolats.

Berthelming (Moselle)
Fête de la grenouille, les 19 et 20 août.

Maussane-les-Alpilles (Bouches du Rhône)
Le Temps retrouvé, une fête comme au siècle dernier, le 20 août.

Metz (Moselle)
Fête de la Mirabelle, fin du mois d'août (du 19 au 27), animations pour les enfants, dégustations, feu d'artifice. Élection de la Reine, de la petite miss Mirabelle.

La Rosière (Savoie)
Fêtes des bergers du col du Petit-Saint-Bernard*, le 20 août.

Hermelange (Moselle)
Fête du pâté lorrain, les 26 et 27 août.

Le Puys (Haute Loire)
Festival de Chaise-Dieu du 23 août au 2 septembre. Dix jours de musique classique, baroque et romantique dans le cadre grandiose de l'abbatiale de Chaise-Dieu.

Ugine (Savoie)
Fête des montagnes, du 2 au 3 septembre

Le Puys-en-Velay (Haute-Loire)
Fêtes du Roi de l'oiseau du 10 au 15 septembre. Fête médiévale qui commémore la visite rendue à la ville par le roi François 1er en 1533.

Wargnies-Le-Petit (Nord)
Fête de la pomme, le 17 septembre

* *the shepherds of the Little Saint Bernard Pass*

VISITING FRANCE THIS YEAR?   *Don't miss . . .*

Places	Events	Dates

Writing 2a

Décrivez une région / une ville que vous avez visitée récemment en répondant aux questions suivantes.

1 Quelle région / ville avez-vous visitée récemment?

2 Où se trouve-t-elle? Dans le nord / dans l'est / au bord de la mer / à la campagne / à 50 kilomètres de . . .

3 Comment est-elle? Grande / petite / impressionnante / ancienne / moderne / belle / laide / intéressante / ennuyeuse?

4 Est-ce que le paysage est varié? Y-a-t-il des fôrets / des montagnes?

5 Y-a-t-il des monuments historiques à visiter?

6 Qu'est-ce qui vous a plu? Les gens? l'ambiance? la cuisine? le climat?

7 Quels sont les inconvénients de cette région / ville?

8 Voudriez-vous y retourner?

Writing 2b

Préparez un dépliant / une brochure sur une région de votre choix.
(Voir *Façon de Parler 2*, unités 3, 9 et 10.)

Listening 3

Écoutez cette publicité sur l'Auvergne et complétez le texte.

Première partie

> ### Comment est l'Auvergne? Que peut-on y faire l'été?
>
> En Auvergne vous pourrez tout faire. La région est magnifique. **1** _____ naturels régionaux
> (celui du Livradois-Forez et celui des Volcans), **2** _____ , cascades et **3** _____
> vous invitent à découvrir le plaisir des **4** _____ en pleine nature. Les **5** _____
> balisés[1] sont nombreux et bien entretenus. Il vous emmèneront au **6** _____ des puys[2] où
> vous ferez le tour des plus beaux **7** _____ de cratère. Ils vous conduiront souvent jusqu'à
> une **8** _____ pittoresque où l'on vous servira une authentique **9** _____ .
>
> Profitez de votre **10** _____ pour découvrir châteaux, **11** _____ romanes et villes
> d'eaux. L'Auvergne dispose de splendides rivières et de nombreux lacs – les **12** _____ en
> seront ravis!

Deuxième partie

> ### À ne pas manquer!
>
> ### La fête 1 _____ de Saint-Flour.
>
> Une ville entière en costume d'époque, des rues où se pressent les cracheurs **2** _____ , les
> acrobates, les jongleurs, etc. Et le dimanche, la remise par les trois consuls au roi Charles VII des
> **3** _____ de la Cité.
>
> ### Fête de l'estive
>
> Selon une tradition ancienne la fête se déroule à l'occasion de la montée des troupeaux de
> **4** _____ Salers vers leurs pâturages d'été. Le village d'Allanche est transformé en un vaste
> **5** _____ de produits du terroir[3].
>
> ### Festival annuel 6 _____
>
> Conférences et expos (autour de l'environnement, de la culture, de l'économie ou **7** _____),
> animations, **8** _____ , théâtre, à destination des enfants et de leurs parents.
>
> ### Saison musicale à Vichy
>
> En plus des charmes de la station thermale, profitez des bienfaits d'une cure de musique. 'Une
> saison en été' propose **9** _____ une série de concerts variés.
>
> ### Procession de Notre-Dame de Vassivière
>
> La **10** _____ quitte l'église de Besse en procession solennelle **11** _____ , pour
> gagner la chapelle de Vassivière d'où elle redescendra **12** _____ après l'équinoxe d'automne.

[1] *marked*; [2] *volcanoes*; [3] *regional*

Speaking 3

Projets de vacances

A group activity which consists in choosing a type of holiday or short break and a destination. Each group plans a holiday using information (see below) and presents the project to the rest of the class.

Organize the groups (ideally 3 or 4 students) by asking:

– Qui aimerait aller à Paris?

– Qui aimerait aller à la Martinique?

– Qui aimerait aller en Corse?

– Qui aimerait aller aux sports d'hiver? etc.

Give each group some information, either from *Façon de Parler* (see below) or from another source (e.g. a tourist information leaflet or from the Internet) and give students some time to prepare. Warn them that each member of the group will have to talk about the proposed holiday.

There is a lot of information in *Façon de Parler* which can be used for this activity:

Paris – Book 1, Units 4 and 7. Book 2, Units 4, 15 and 18.

La Normandie – Book 1, Unit 12. Book 2, Units 3, 4, 6, 10, 12 and 15.

La Martinique – Book 2, Units 6, 9, 12, 13 and 16.

La Corse – Book 2, Units 3 and 6 (including the listening).

L'Alsace – Book 2, Units 2, 3, 9, 12 and 16.

La Bretagne – Book 2, Unit 10.

Les Sports d'hiver – Book 2, Unit 16.

Vallée de la Loire – Book 2, Units 7 (Futuroscope) and 9 (Saumur).

La Bourgogne – Book 2, Unit 3.

Limoges – Book 2, Unit 9.

Reading 3

Vos amis Chris et Sam viennent de recevoir un e-mail d'une amie française qui habite en Angleterre. Ils vous demandent de les aider, car toutes les lettres accentuées ont disparu! Pouvez-vous les remettre dans le texte? (Il y en a 32.)

Date:	Tues, 21 Aug 2001 21: 04: 15
To:	Chris <chrisam@btinternet.com
From:	Jocelyne <Jo@jimipet.demon.co.uk
Subject:	Retour de vacances

Chers Chris et Sam,

Nous venons de rentrer de vacances. Comme vous le savez, nous sommes alls La Clusaz, dans les Alpes. Nous y sommes rests deux semaines. Nous avions lou un chalet confortable et bien équip (lave-vaisselle, machine laver, micro-ondes, etc.).

Nous avons pass des vacances sportives. Nous avons fait beaucoup de randonnes pdestres (nous avons achet des chaussures de marche pour toute la famille). C'est une rgion vraiment magnifique. Un jour, nous avons fait de la luge d' t. Ce n'est pas aussi rapide que sur la neige en hiver. Nos sommes alls la piscine plusieurs fois. Elle est situe en hauteur et domine la ville. Nous avons aussi lou des vlos. Les enfants adorent le VTT en montagne, mais moi, je prfre les activits moins dangereuses!

Il a fait trs chaud, avec beaucoup de soleil, et nous sommes tout bronzs.

Nous vous avons envoy une carte postale du Mont-Blanc. Est-ce que vous l'avez reue? L'anne prochaine, nous voulons faire quelque chose de diffrent. Nous aimerions aller la mer, de prfrence l'tranger, peut-tre la Guadeloupe. On peut toujours rver!

Bien amicalement,

Jocelyne

Writing 3

Vous voulez passer vos vacances en France mais vous ne savez pas exactement où aller. Vous avez besoin de renseignements supplémentaires sur différents endroits qui vous intéressent. Préparez une lettre que vous pourrez envoyer dans plusieurs Offices de Tourisme. Posez des questions sur le type de logement qui vous intéresse (hôtels, gîtes, campings, etc.), les endroits touristiques de la région (naturels, historiques, etc.), les activités typiques (sport, artisanat, fêtes, etc.) et demandez qu'on vous envoie de la documentation (dépliants, listes, etc.).

7   **Travel and transport**

Listening 1

Vous êtes à l'aéroport. Écoutez les annonces et remplissez les cases. *You are at the airport. Listen to the announcements and fill in the boxes.*

VOL	DESTINATION	PORTE
AS 230	Edimbourg	(a)
DF 452	(b)	21
AE 671	(c)	(d)
(e)	Londres, Gatwick	en retard
CK 784	(f)	(g)
GL 592	Athènes	(h)
(i)	Rome	25
TA 189	Istanbul	(j)

Write in English what the three announcements say:

k _____

l _____

m _____

Reading 1

Trouvez l'intrus. *Find the odd one out. The first letter of each of them will give you a gas, used as a form of energy.*

1 billet / gare / quai / guichet / train / addition

2 poisson / bateau / mer / pêcheur / poire / plage

3 vélo / station-service / voiture / super / gazoil / pompe

4 avion / hélicoptère / aéroport / pilote / hôtesse de l'air / usine

5 camion / car / mobylette / autobus / moto / radio

6 passeport / argent / ticket / carte de crédit / bagages / enquêteuse

Speaking 1a

PARTENAIRE A

1 *Using the map of Planville on p. 89 of* **Façon de Parler 1** *guide your partner to an unknown destination.*

   Begin: Vous êtes devant la station-service / la bibliothèque, etc.
   Guide your partner by using phrases such as: Prenez la deuxième à gauche, continuez tout droit, traversez le pont, etc.
   Encourage your partner by saying such phrases as: Ça y est! C'est ça! Tout à fait! Très bien! Vous y êtes!

2 *Using the map of Planville on p. 89 of* **Façon de Parler 1***, follow the directions of your partner to an unknown destination. When you think you have arrived say, for example:* Je suis à la patinoire / au supermarché.

   Repeat this several times, changing partners.

Speaking 1a

PARTENAIRE B

1 *Using the map of Planville on p. 89 of* **Façon de Parler 1***, follow the directions of your partner to an unknown destination. When you think you have arrived say, for example:* Je suis à la patinoire / au supermarché.

2 *Using the map of Planville on p. 89 of* **Façon de Parler 1** *guide your partner to an unknown destination.*

   Begin: Vous êtes devant la station-service / la bibliothèque, etc.
   Guide your partner by using phrases such as: Prenez la deuxième à gauche, continuez tout droit, traversez le pont, etc.
   Encourage your partner by saying such phrases as: Ça y est! C'est ça! Tout à fait! Très bien! Vous y êtes!

   Repeat this several times, changing partners.

Speaking 1b

PARTENAIRE A

1 Vous êtes au guichet de la gare. Posez des questions à votre partenaire. *You are at the station ticket office. Ask your partner questions.*

VOUS *(Ask when the next train to Avignon is.)*

_____

VOUS *(Ask what platform it leaves from.)*

_____

VOUS *(Ask when it arrives in Avignon.)*

_____

VOUS *(Ask for one return ticket.)*

_____

VOUS *(Sunday afternoon.)*

2 Maintenant vous êtes l'employé(e) au guichet. Répondez aux questions de votre partenaire et cochez les bonnes réponses. *Now you are the employee at the ticket office. Answer your partner's questions and tick the right answers.*

_____

VOUS *À dix-huit heures vingt-trois.*

_____

VOUS *Il est à dix-huit heures cinquante-cinq.*

_____

VOUS *Attendez un instant, m . . . 18h 55 . . . 19h 27. Parfait. Vous avez un train à dix-neuf heures vingt-sept.*

_____

VOUS *À vingt et une heures huit.*

_____

Le monsieur / La dame veut aller à Toulon / Royan / Toulouse. Il / Elle préfère prendre un train vers dix-huit heures trente / dix-neuf heures trente / dix-sept heures trente. Il / Elle achète un billet simple / deux allers et retours / deux billets simples.

Speaking 1b

PARTENAIRE B

1 Vous êtes l'employé(e) au guichet. Répondez aux questions de votre partenaire et cochez les bonnes réponses. *You are the employee at the ticket office. Answer your partner's questions and tick the right answers.*

VOUS *À neuf heures trente, m . . . .*

VOUS *Quai numéro quinze.*

VOUS *À midi moins le quart.*

VOUS *Vous rentrez quand?*

> Le monsieur / La dame veut aller à Abbeville / Perpignan / Avignon. Il / Elle demande un billet simple / deux billets simples / un aller et retour. Il / Elle rentre samedi après-midi / dimanche après-midi / dimanche soir.

2 Maintenant vous êtes au guichet de la gare. Posez des questions à votre partenaire. *Now you are at the station ticket office. Ask your partner questions.*

VOUS *(Ask what time the next train to Toulouse leaves.)*

VOUS *(What about the following one?)*

VOUS *(Ask if there's a train at about 7.30 p.m.)*

VOUS *(Say fine. Ask when it arrives at Toulouse.)*

VOUS *(Ask for two singles.)*

Writing 1

Plusieurs personnes expliquent quel(s) moyen(s) de transport elles utilisent. Complétez les phrases.
Several people explain which method of transport they use. Complete the sentences. There might be more than one answer possible.

1 Écocitoyen: Je suis vert, moi! Je vais au bureau _____ ou _____ .

2 Parisienne: Il y a beaucoup d'embouteillages à Paris donc pour arriver au grand magasin où je _____ , je _____ .

3 Écolier: Pour aller à l'école? Maman m'emmène _____ . C'est plus rapide, quoi!

4 Homme d'affaires: Quand je pars pour les affaires, je suis toujours pressé. Pour aller à l'étranger je _____ .

5 Actrice: Je travaille tard le soir! Quand je sors du théâtre, je _____ .

6 Retraité: Pour aller en vacances nous _____ car ma femme et moi, nous n'aimons plus conduire.

7 Vieille Femme: Je n'ai pas de voiture, donc pour rendre visite à ma sœur je _____ . J'adore parler aux gens et _____ la campagne.

8 Voyageur: Pour traverser la Manche, je préfère _____ au Seacat. Il est moins rapide, mais plus fréquent!

9 Jeune femme: Mon futur mari est multimilliardaire. Alors pour nos voyages de noces, nous allons _____ .

Listening 2

Reliez les personnes qui ont laissé un message sur le répondeur du bureau ce matin aux raisons de leur retard ou absence.

1 (la femme d') Henri-Luc		**A** une panne
2 Étienne		**B** les conditions météo
3 Mlle Champion		**C** des problèmes de circulation
4 Richard		**D** une grève
5 Valérie		**E** un accident
6 Sophie		**F** un problème de santé

Speaking 2

PARTENAIRE A

1 Vous êtes à la station-service HAUT-PRÉ. Demandez des renseignements à un(e) employé(e):

VOUS *(Attract the person's attention. You assume it's self-service. Ask if you have to pay at the pump.)*

_____

VOUS *(Say you haven't got your credit card and give a reason / explanation.)*

_____

VOUS *(Thank the person and ask if they have lead-free.)*

_____

VOUS *(Say fine. Ask about tyre pressure.)*

_____

VOUS *(Ask about washing the windscreen. Say it's very dirty and give a reason.)*

_____

2 Maintenant vous êtes M. / Mme Dubois, gérant(e) à la petite station-service du coin. Servez votre client / cliente. Complétez le formulaire.

_____

VOUS *Très bien. Je vous lave le pare-brise?*

_____

VOUS *Je vérifie l'huile et l'eau?*

_____

VOUS *Ça fait 39€ 50.*

_____

VOUS *Qu'est-ce que vous avez comme carte?*

_____

VOUS *Pas de problème.*

Le client / La cliente demande au gérant / à la gérante de faire le plein de _____ .
Le gérant / La gérante lave / ne lave pas le pare-brise parce que _____
_____ .
Le gérant / La gérante vérifie / ne vérifie pas l'huile / l'eau.
Le client / La cliente veut payer avec _____ .

Speaking 2

PARTENAIRE B

1 Vous êtes employé(e) à la station-service HAUT-PRÉ. Répondez aux questions du client / de la cliente. Complétez le formulaire.

VOUS *Vous payez à la pompe avec votre carte de crédit ou à la caisse là-bas.*

VOUS *Cela n'a pas d'importance. Vous utilisez les pompes sur votre droite.*

VOUS *Bien sûr, m . . . .*

VOUS *Il y a une pompe à air à gauche, à côté de la caisse.*

VOUS *Je regrette, m . . . il n'y a personne de permanence à Haut-Pré après 20 heures.*

> Le client / La cliente demande s'il / si elle doit payer _____ . Il / Elle n'a pas sa carte de crédit parce qu' _____ . Il / Elle choisit le gasoil / le sans plomb / le super. Il / Elle veut vérifier _____ . Son pare-brise est sale à cause de / des _____ .

2 Maintenant vous êtes le client / la cliente à la station-service du coin. Le gérant / La gérante vous sert.

VOUS *(Greet the manager and ask him / her to fill up with the fuel of your choice.)*

VOUS *(Answer as you wish and give the reason why.)*

VOUS *(Answer as you wish.)*

VOUS *(Ask if they accept English credit cards.)*

VOUS *(Answer the question.)*

Reading 2

There are 12 different vehicles in the grid below. They have been split in half. Using the definitions, find the 12 words and cross out the groups of letters as you use them. Each group can only be used once.

ION	TRO	TEUR	LO	IN	XI
TURE	TO	TA	MO	BAT	PTERE
ON	ME	HELICO	RY	VOI	FER
CAM	EAU	TRA	AVI	VE	TRAC

1 Moyen de transport que l'on utilise pour voyager sur l'eau.

2 Véhicule utilisé pour le travail à la campagne.

3 C'est le moyen de transport de voyageurs le plus rapide.

4 Très pratique en ville, mais un peu cher.

5 Il ressemble à un gros insecte et on l'utilise souvent pour des opérations de sauvetage.

6 Gros véhicule routier utilisé pour transporter différents produits.

7 Très populaire en France, on l'utilise beaucoup pour le sport et les loisirs.

8 Très utile dans les grandes villes si on veut voyager vite et pas cher.

9 Moyen de transport qui à l'origine marchait à la vapeur mais qui aujourd'hui marche à l'électricité.

10 Moyen de transport le plus populaire, mais qui crée beaucoup de problèmes et d'accidents.

11 Gros bateau qui peut transporter des voitures, des cars et des camions.

12 Deux-roues rapide et puissant.

Réponses

1 _____   **7** _____

2 _____   **8** _____

3 _____   **9** _____

4 _____   **10** _____

5 _____   **11** _____

6 _____   **12** _____

Writing 2

Votre ami(e) anglais(e) a eu un accident en France et vous demande de l'aider à remplir le questionnaire de la compagnie d'assurance.

TOURISK ASSURANCE
Déclaration de sinistre*

Nom de l'assuré(e): _____

Date de l'accident: _____

Marque et couleur du véhicule: _____

Numéro d'immatriculation: _____

Brève description de l'accident: _____

_____

_____

_____

_____

Signature: _____   Date: _____

---

*claim

Listening 3

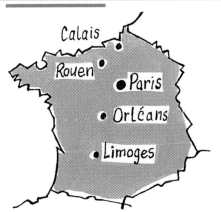

Un frère et une sœur Didier et Josianne qui habitent à Calais ont rendu visite à leurs parents qui habitent à Limoges, c'est-à-dire un voyage de près de 700 kilomètres en voiture. Didier a voyagé avec sa femme et leurs deux jeunes enfants. Josianne y est allée avec son petit ami. Ils expliquent chacun leur itinéraire. Écoutez-les puis faites la liste en anglais des avantages et des inconvénients de chaque itinéraire.

Speaking 3

Jeu – Il faut répondre/parler!

Nommez le plus de moyens de transport possible.	Décrivez votre voiture ou une voiture que vous utilisez.	Décrivez votre voiture idéale.	Nommez 4 types de rues ou routes.
Quel est votre moyen de transport préféré en ville?	Voyagez-vous souvent en train?	Aimez-vous, ou aimeriez-vous, faire une croisière?	Aimez-vous prendre l'avion?
Comment préférez-vous traverser la Manche?	À votre avis, qu'est-ce qui est le plus dangereux quand on voyage en voiture?	Faites-vous du vélo?	Sur quelle sorte de route préférez-vous rouler?
Utilisez-vous souvent les transports en commun?	Aimez-vous prendre le métro?	Quel moyen de transport préférez-vous pour les longs voyages?	La dernière fois que vous avez pris un taxi, c'était à quelle occasion?
Nommez 3 parties d'une voiture.	Comment peut-on occuper les enfants pendant un long voyage?	Que peut-on faire pour passer le temps pendant une traversée sur un ferry?	Que peut-on faire pour passer le temps en avion?

Reading 3

Une journée 'sans voitures' a été organisée dans plusieurs villes de France. Lisez la réaction de plusieurs lecteurs à ce sujet et expliquez brièvement à un(e) ami(e) anglais(e) le point de vue de chaque lecteur (1–10).

1 Bravo! Une excellente initiative! On a calculé que la limitation du trafic automobile dans les villes entre 7h et 21h, diminue non seulement la pollution mais aussi le bruit de façon considérable. **Quentin**

2 Je suis commerçante et mon magasin se trouve dans un quartier interdit aux voitures. Savez-vous que nos ventes peuvent baisser jusqu'à 70% pendant une journée sans voiture? Attention, le bonheur des uns peut faire le malheur des autres! **Ghislaine**

3 Je suis pour les transports en commun, mais soyons réalistes. Il n'y a pas assez de trains, cars, bus, etc., loin de là. Et en plus, ça coûte cher. Dans une voiture on peut transporter toute une famille pour le même prix! **Didier**

4 Pour moi, la voiture est une chose indispensable. Elle est toujours à ma disposition quand j'en ai besoin et elle me permet de me déplacer quasiment de porte à porte. Dans ma voiture je suis à l'abri et je me sens en sécurité. De plus, c'est le seul moment où je peux écouter la radio en paix. **Yvette**

5 Je suis cycliste et je vais travailler à vélo ce qui me permet de prendre de l'exercice tous les jours et de ne pas perdre de temps dans les embouteillages. Pour moi, une telle initiative signifie que je peux circuler en toute sécurité – moins de risques d'accident, moins de bruit et naturellement, moins de pollution! **Jean-Marc**

6 Sans voiture, il est très difficile de se déplacer avec de jeunes enfants, surtout quand on va faire des courses. Les enfants, la poussette, les sacs, etc., comment les monte-t-on dans le bus sans aide? Et comment descend-on les marches du métro? Peut-être que les nouveaux tramways, comme ceux de Strasbourg, sont étudiés pour, mais moi, j'habite à Paris! **Fouzia**

7 Je travaille loin de chez moi. Ayant été au chômage pendant deux ans, je n'ai pas pu refuser un travail qui, en plus, est intéressant et bien payé. La seule façon de m'y rendre, c'est la voiture. Heureusement, j'ai la chance de pouvoir pratiquer le co-voiturage* avec un collègue. Pour nous, une journée sans voiture est un vrai problème. **Alain**

* car sharing

Reading 3

8 Si je ne peux pas prendre ma voiture pour aller travailler, je suis obligée de marcher environ une demi-heure de la gare jusqu'au bureau. Je dois avouer que c'est assez agréable et que l'exercice me fait du bien. Je fais malgré tout quelques réserves: comme il faut que ma présentation soit impeccable, je dois emporter une autre paire de chaussures et, s'il pleut, il n'en est pas question car mes cheveux n'aiment pas la pluie! **Marie-Chantal**

9 Le nombre des voitures augmente sans cesse. Le nombre et la gravité des problèmes aussi: accidents qui tuent ou condamnent au fauteuil roulant, augmentation des victimes de maladies respiratoires, manque d'exercice, perte de temps dans les embouteillages, etc. Mais ce qui est peut-être le pire, mettez l'homo sapiens au volant et il se transforme aussitôt en animal sauvage et agressif! **Josianne**

10 Une journée sans voiture en ville? Moi je dis, supprimez toutes les voitures, tous les jours et partout! Personnellement, je n'ai pas de voiture et je m'en porte très bien. Posséder une voiture coûte trop cher: l'achat de la voiture qui perd tout de suite de la valeur, l'assurance, les frais d'entretien, les réparations, l'essence qui augmente sans cesse, les auto-routes, le parking, et je sûr que j'en oublie! Moi, j'utilise les transports en commun et, de temps en temps, je me paie le luxe d'un taxi. **Georges**

Writing 3

Au choix:

1 Écrivez une lettre au maire d'une ville française que vous aimez mais où la circulation automobile crée beaucoup de problèmes. Expliquez-lui pourquoi il vous semble indispensable d'améliorer les transports en commun.

2 Écrivez une lettre à un(e) ami(e) 'vert(e)' et expliquez-lui pourquoi vous ne pouvez pas vous passer de votre voiture.

Listening 1

Première partie

Écoutez différentes personnes qui expliquent ce qu'elles vont acheter. Où vont-elles?
Cochez la bonne réponse. *Listen to different people explain what they are going to buy. Where are they going? Tick the correct answers.*

1 a à la librairie . . . . ☐   **b** à la boucherie . . . . ☐   **c** à la boulangerie . . . . ☐

2 a à la banque . . . . ☐   **b** à la poste . . . . ☐   **c** au bureau de tabac . . . . . ☐

3 a à la crémerie . . . . ☐   **b** à la pâtisserie . . . . ☐   **c** à la pharmacie . . . . ☐

4 a chez le marchand   **b** à la bibliothèque . . . . ☐   **c** à la librairie . . . . ☐
     de primeurs . . . . ☐

5 a au grand magasin . . . . ☐   **b** à la banque . . . . ☐   **c** à la poste . . . . ☐

6 a chez le marchand   **b** au magasin de   **c** au magasin de
     de journaux . . . . ☐   vêtements . . . . ☐   chaussures . . . . ☐

7 a à la boucherie . . . . ☐   **b** à la pâtisserie . . . . ☐   **c** chez le marchand
                                                         de primeurs . . . . ☐

Deuxième partie

Écoutez et cochez la bonne réponse. *Listen and tick the correct answers.*

1 De quoi a-t-elle besoin?

a    **b**    **c**    **d**

2 Qu'est-ce qu'il achète?

a 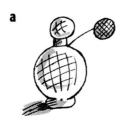   **b** 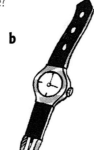   **c**    **d**

Listening 1

3 Où se trouve le rayon musique?

a	b	c	d
SOUS-SOL	**REZ-DE-CHAUSSEE**	**PREMIER ETAGE**	**DEUXIEME ETAGE**

Troisième partie

Écrivez le prix de l'article que le / la client(e) choisit. *Write the price of the article chosen by the client.*

Speaking 1a

PARTENAIRE A

1 À la boulangerie.

You are serving in the baker's. Fill in your price list, greet your customer and answer his / her questions and fill in the form.

Baguettes _____ la pièce	**VOUS** Bonjour m . . . Vous désirez?
Tartes _____ la pièce	_____
Croissants _____ la pièce	**VOUS** Voilà. Et avec ceci?
Eclairs _____ la pièce	_____
	VOUS C'est tout?
	_____
	VOUS Ça fait _____

Le client / La cliente achète _____ , _____ et _____ . Ça coûte _____ .

2 Au marché, chez le marchand / la marchande de primeurs.

You are at the greengrocer's stall. Respond to his / her greeting. First buy two items, then one more.

Speaking 1a

PARTENAIRE B

1 À la boulangerie.

You are at the baker's. Respond to his / her greeting and buy two of the following items. Ask the cost.

2 Au marché, chez le marchand / la marchande de primeurs.

You are serving at the greengrocer's stall. Fill in your price list, greet your customer and answer his / her questions and fill in the form.

	VOUS	Bonjour m . . . Vous désirez?

| pommes de terre ＿＿＿＿＿ le kilo |
| carottes ＿＿＿＿＿ le kilo |
| bananes ＿＿＿＿＿ le kilo |
| chou-fleur ＿＿＿＿＿ la pièce |
| pamplemousse ＿＿＿＿＿ la pièce |

VOUS Voilà. Et avec ceci?

＿＿＿＿＿＿＿＿＿＿＿＿＿＿＿

VOUS C'est tout?

＿＿＿＿＿＿＿＿＿＿＿＿＿＿＿

VOUS Ça fait ＿＿＿＿＿＿＿＿＿＿

Le client / La cliente achète ＿＿＿＿＿ et ＿＿＿＿＿ . Ça coûte ＿＿＿＿＿ .

Speaking 1b

PARTENAIRE A

1a Vous êtes à la librairie-papeterie. *You're in the bookshop / stationer's. Buy one item from your own list below, then another. Ask how much it comes to. Thank the assistant (your partner).*

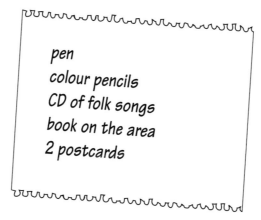

> pen
> colour pencils
> CD of folk songs
> book on the area
> 2 postcards

1b *Now look at your French friend's shopping list to see which shops you need to visit. If you don't know where to buy something, ask by using:* On peut acheter . . . à . . .? Où est-ce qu'on peut acheter . . .? *Ask the assistant (your partner) where the shops are and note down the answers.*

> 2 l lait
> 250 g beurre
> 12 œufs
> cigarettes (20 **Carmen**, filtre)
> journal (**Midi-France**)
> allumettes (petite boîte)

2a À la pharmacie. *At the chemist's. You are the assistant. Greet your customer and ask what he / she wants. Ask if he / she wants anything else, then say how much it all comes to. Tick off the items and write the total.*

brosse à dents 4€, crème solaire 15€, shampooing 3€ 50, dentifrice 5€, aspirine 1€

2b *Now answer your customer's questions and say where you can buy the article(s) mentioned, (NB grocer's = une épicerie) and where the shops are (e.g. en face, au coin de la rue, près de la poste).*

Speaking 1b

PARTENAIRE B

1a À la librairie-papeterie. *At the bookshop / stationer's. You are the assistant. Greet your customer and ask what he / she wants. Ask if he / she wants anything else, then say how much it all comes to. Tick off the items and write the total.*

> **CD chansons folkloriques 22€, livre sur la région 40€, stylo 10€, crayons de couleurs 6€, 2 cartes postales 1€.** _____

1b *Now answer your customer's questions and say where you can buy the article(s) mentioned and where the shops are (e.g. en face, au coin de la rue, près de la poste).*

2a À la pharmacie. *At the chemist's. Buy one item from your own list below, then another. Ask how much it comes to. Thank the assistant (your partner).*

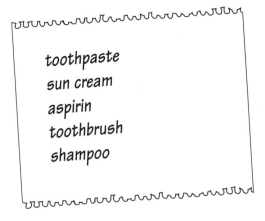

> toothpaste
> sun cream
> aspirin
> toothbrush
> shampoo

2b *Now look at your French friend's shopping list to see which shops you need to visit. If you don't know where to buy something, ask by using:* On peut acheter . . . à . . .? Où est-ce qu'on peut acheter . . .? *Ask the assistant (your partner) where the shops are and note down the answers.*

> 1 poulet (2 k)
> 6 côtelettes d'agneau
> 1 rôti de porc (3 k)
> poires (1 boîte)
> thé (**Bonne femme**, 1 paquet)
> cidre de Normandie (1 l)

Reading 1a

Répondez aux questions. *Answer the questions.*

Au grand magasin

SORTIE DE SECOURS

Nous regrettons de vous informer que l'ascenseur est en panne aujourd'hui

Rez-de-Chaussée ≡

Chaussures   Accessoires   Vêtements hommes   Cadeaux

Sous-sol ═

restaurants
Electro-ménager
Radio, TV, Hi-fi

Fête des mères

Profitez de nos promotions

parfumerie • confiserie • fleurs

C'EST L'ANNIVERSAIRE DE NOTRE MAGASIN!

— ❖ —

Profitez des prix exceptionnels à nos rayons

Ameublement et Produits d'entretien

1 Why would you have to use the stairs today?

2 What presents are suggested for Mother's Day?

3 What is on sale on the ground floor?

4 What sign would you look for if you wanted to get out in an emergency?

5 What departments are in the basement?

6 Which departments have special offers to celebrate the store's birthday?

Reading 1b

Répondez aux questions. *Answer the questions.*

En ville

GARAGE THIOLLAY
Agent Opel
RÉPARATIONS
TOUTES MARQUES
**Dépann Autos
24 h/24**
Tél. 04.50.75.96.85
Montriond – 74110 Morzine

Technicien du sport

SKI • VENTE • LOCATION
VÊTEMENTS • V.T.T.
**MORZ'NA
SPORTS**

Patrick Baud,
Professeur de ski

74110 Morzine – Tél. 04
50 79 08 63

BIBLIOTHEQUE MUNICIPALE

mardi et jeudi ouverte de 14h. 00–19h. 30
lundi et vendredi ouverte de 10h. 00–19h. 00

fermée le mercredi

PTT heures d'ouverture

**du lundi au vendredi
8h. 30–18h.
samedi 9h.–12h.**

fermé dimanche et jours fériés

Librairie
PAPETERIE – CADEAUX –
JEUX
PHOTOCOPIES
TÉLÉCOPIES
PASSAQUIN

2 magasins • 74110 • Morzine

Ø 04 50 79 11 01
04 50 79 00 78
Fax 04 50 79 22 20

Château – Musée

ouvert de 10h. à 18h. 30 – 1ᵉʳ mai – 30 septembre
ouvert à 10h. 30 à 12.00, de 14h.–18h. 1ᵉʳ octobre–30 avril

Crédit Mutuel
UNE BANQUE À QUI PARLER
ROUTE DE THONON
74110 MORZINE
Ouvert le samedi
Tél. 04 50 75 92 75

1 When would you be unable to use the library?

2 On which day is it closed completely?

3 What are the limited opening times of the Post Office on Saturdays?

4 At what other times is it closed?

5 Why would you have to leave the Castle Museum by lunchtime in April?

6 What are the closing times during the summer?

7 Which cars will the Opel agent repair?

8 What other service does he offer?

9 What is unusual about the bank's opening times?

10 How does it try to boost customer confidence?

11 What can you buy or hire from the sports' shop?

12 What are the qualifications of the person in charge?

13 What can you buy at the Passaquin bookshop?

14 What two services does it offer?

Writing 1a

Rébus. *Use the first letter of each item to make a new word.*

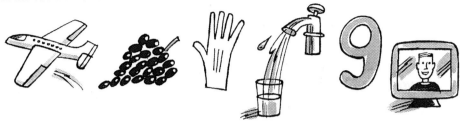

Writing 1b

Faites une liste de dix vêtements que vous allez emporter, en donnant un détail pour chacun (couleur, tissu/matière, motif, etc.). *Make a list of ten items of clothing that you are going to take away with you, giving one detail for each one, colour / material / pattern, etc.*

1 Cinq pour un week-end au bord de la mer.

   Exemple: deux tee-shirts en coton, . . .

   _____

   _____

   _____

   _____

   _____

2 Cinq pour un voyage de deux jours pour votre travail.

   Exemple: des chaussures élégantes, . . .

   _____

   _____

   _____

   _____

   _____

Listening 2

Écoutez les dix mini-conversations. Où sont les gens? Écrivez vos réponses en français.

1 _____   6 _____

2 _____   7 _____

3 _____   8 _____

4 _____   9 _____

5 _____   10 _____

Speaking 2

PARTENAIRE A

1 Vous êtes vendeur / vendeuse. Aidez votre client(e) à choisir un souvenir d' Alsace. Cochez / Complétez le texte ci-dessous.

VOUS *Vous désirez, m . . .?*

_____

VOUS *Très bien. Vous aimez les fleurs séchées?*

_____

VOUS *40€. La présentation est très originale!*

_____

VOUS *Des chocolats ou un paquet de bonbons?*

_____

VOUS *Un livre sur l'Alsace ou un CD peut-être?*

_____

VOUS *J'ai un excellent CD de chansons folkloriques alsaciennes.*

_____

> Le client / La cliente adore / déteste les fleurs séchées. Elles coûtent cher / sont bon marché.
> Le client / La cliente n'achète pas de chocolats parce qu' _____ .
> Finalement il / elle prend un CD de chansons / un livre sur l'Alsace.

2 Maintenant vous êtes en train de choisir une veste. Répondez aux questions du vendeur / de la vendeuse.

_____

VOUS *(You're looking for a jacket.)*

_____

VOUS *(You generally wear wool.)*

_____

VOUS *(You don't like the colour. Ask if they've got it in (your own choice).)*

_____

VOUS *(Give your size.)*

_____

VOUS *(Ask if you can try it on.)*

_____

VOUS *(Make a decision about it!)*

Speaking 2

PARTENAIRE B

1 Vous êtes en train de choisir un souvenir d'Alsace. Répondez aux questions du vendeur / de la vendeuse.

VOUS   *(Greet the assistant. Say you are looking for a souvenir of Alsace.)*

VOUS   *(Say that's a good idea. You adore flowers. Ask how much they cost.)*

VOUS   *(Say it's too dear. Ask if he / she has anything else.)*

VOUS   *(Give a reason why you don't eat sweets or chocolates.)*

VOUS   *(Ask what kind of CDs they've got.)*

VOUS   *(Choose between a book and a CD.)*

2 Maintenant vous êtes vendeur / vendeuse. Aidez votre client(e) à choisir un vêtement. Cochez / Complétez le texte ci-dessous.

VOUS   *Qu'y a-t-il pour votre service?*

VOUS   *Très bien. Celle-ci en polyester est de très belle qualité.*

VOUS   *Ce modèle vous plaît?*

VOUS   *Je crois bien, m . . . Vous faites quelle taille?*

VOUS   *Voilà, m . . .*

VOUS   *Mais certainement, m . . .*

Le client / La cliente cherche _____ . Il / Elle préfère la laine / le polyester. Il / Elle fait du _____ . Il / Elle achète / n'achète pas ce / cette _____ .

Reading 2

Complétez les petites annonces. *Complete the adverts.*

COMMERCES – SERVICES – TOURS

1
> *ART ET DÉCORATION*
>
> 7 bd Leclerc – TOURS
>
> *Galerie d' _ _ _ , encadrements*
>
> *Tableaux a _ _ _ _ _ _ et contemporains.*
>
> Ouvert 7 j _ _ _ _ sur 7.

2
> *Pâtissier – Chocolatier – Glacier*
>
> **6 RUE PORTE-ROBERT**
>
> *Tout un assortiment de ch _ _ _ _ _ _ maison*
>
> *Pâtisserie pur b _ _ _ _ e*
>
> *G _ _ _ _ _ et sorbets maison.*

3
> **Taxis Thomas** 03 91 49 20 33
>
> *Conventionnés transport malades assis*
>
> *Hospitalisation (e _ _ _ _ _ – sortie)*
>
> Pour vos s _ _ _ _ _ _ en famille: véhicules de
>
> 4, 7, et 8 places – Toutes distance.

4
> **Chaussures Bradley** Pour t_ _ _ renseignements
>
> e mail: bradley@campserve.com
>
> **Fabriquant de ch _ _ _ _ _ _ _ de luxe, dont la**
>
> **vocation est le confort. Vendues en distribution**
>
> **sélective sur le marché français.**

Writing 2

Écrivez une annonce pour votre commerce / vos services. *Write an advert for your own business / services.*

Listening 3

Écoutez l'émission d'Alain Vidal 'Il faut partager!' et répondez aux questions suivantes.

1 What is the subject of the programme and how often is it broadcast?

2 Who is the visitor on this occasion and what has she just done?

3 What did she do immediately she knew she would be working abroad?

4 What did the bank recommend at first and why?

5 What did they finally suggest she did?

6 How did she use her credit cards?

7 Did Sandra have any problems with the bank in England?

8 What does she say about the English?

9 What were the two reasons Sandra gave for using her credit card?

10 Why were the first couple of months difficult?

11 Why did Sandra feel worse off despite her good salary?

12 What advice does she give to anyone working abroad?

Reading 3

Lisez la publicité suivante et répondez aux questions en anglais.

SIMPLIFIEZ-VOUS LA VIE AVEC LA *CARTE ROSE EURO!*

N'ATTENDEZ PAS UN JOUR DE PLUS, ADOPTEZ LA *CRE* AUJOURD'HUI

Pourquoi la *CRE* est-elle plus simple, plus pratique, plus sûre et plus économique?

Quels sont les services et les avantages dont vous ne jouissez pas encore? Vérifiez tout de suite en répondant aux questions suivantes:

Avec votre carte de crédit actuelle, pouvez-vous

- retirer jusqu'à 800€ (environ 5000 francs) par période de 7 jours, 24h sur 24 dans les DAB* comme à l'étranger?
- régler vos achats en toute simplicité et en choisissant entre le débit immédiat ou différé en fin de mois?
- bénéficier de la *Garantie Shopping 48h* qui vous protège en cas de vol ou de détérioration d'un article de plus de 100€ (environ 700 francs) réglé avec la CRE?
- profiter, vous et vos proches, d'une assurance accident-voyages et d'une assistance médicale partout dans le monde?
- bénéficier de tous ces avantages pour une cotisation annuelle ne dépassant pas 20€ (environ 130 francs)?

Même si vous avez répondu NON à une seule question, n'hésitez plus!

*Pour obtenir la **CRE** ou simplement obtenir de plus amples renseignements, il vous suffit de remplir la fiche ci-jointe ou de téléphoner à **CRE En Ligne**, au 01 891 65 06 05 (5€ / 1mn) ou de visiter notre site internet www.cre.fr.*

*Si vous faites une demande de **CRE** avant la fin du mois, vous bénéficierez en plus d'un abonnement d'un an gratuit à notre **Plan de protection** contre la perte ou le vol de votre carte.*

*distributeur automatique de billets

---

1 According to the advertisement, what are the advantages of the CRE?

2 What are the two requirements for qualifying for the 48 hour guarantee if you have something stolen or damaged?

3 Why is the CRE particularly useful abroad? Give two reasons.

4 In what two ways can you settle your account?

5 What is the annual cost of the CRE?

6 What is the advantage of applying before the end of the month?

Speaking 3

Jeu – Il faut répondre! (see *Introduction*)

Qui achète la nourriture dans votre famille?	Quand et pour qui achetez-vous des cadeaux?	Avez-vous fait du shopping récemment?	Quel est le dernier cadeau que vous avez acheté?
Aimeriez-vous travailler dans un magasin? Pourquoi?	On fait de plus en plus de shopping le dimanche. Etes-vous pour ou contre?	Que pensez-vous des centres commerciaux?	Où iriez-vous faire les courses si vous aviez beaucoup d'argent?
Pouvez-vous décrire votre dernière visite au supermarché?	Aimez-vous aller au marché?	La dernière fois que vous êtes allé(e) en vacances, quels souvenirs avez-vous achetés?	Faites-vous des achats sur l'Internet?
Quels magasins manquent dans votre ville / village?	Quelle est la prochaine chose que vous allez acheter?	Quels sont les magasins que vous n'aimez pas?	Est-ce que vous aimez faire les courses?
Qu'est-ce que vous allez acheter avant de partir en vacances / pour Noël?	Parlez-nous de la dernière fois que vous avez fait les magasins.	Allez-vous souvent à la banque / à la poste?	Que pensez-vous des cartes de crédit?
Traversez-vous quelquefois la Manche uniquement pour faire du shopping?	Si vous en aviez les moyens, qu'est-ce que vous aimeriez acheter?	Etes-vous plutôt dépensier / dépensière ou économe?	Considérez-vous le shopping comme un passe-temps?

Writing 3

Vous avez acheté un article en France (un vêtement, de la vaisselle, un meuble, un livre, une montre, etc.) sur place ou sur catalogue. Vous découvrez un problème. Écrivez une lettre de réclamation:

Expliquez ce que vous avez acheté.
Où? Quand? Pourquoi? Pour qui? etc.
Décrivez le problème.
Suggérez une solution.

Writing 3

Vous avez acheté un article en France (un vêtement, de la vaisselle, un meuble, un livre, une montre, etc.) sur place ou sur catalogue. Vous découvrez un problème. Écrivez une lettre de réclamation:

Expliquez ce que vous avez acheté.
Où? Quand? Pourquoi? Pour qui? etc.
Décrivez le problème.
Suggérez une solution.

Writing 3

Vous avez acheté un article en France (un vêtement, de la vaisselle, un meuble, un livre, une montre, etc.) sur place ou sur catalogue. Vous découvrez un problème. Écrivez une lettre de réclamation:

Expliquez ce que vous avez acheté.
Où? Quand? Pourquoi? Pour qui? etc.
Décrivez le problème.
Suggérez une solution.

9   Food and drink

Écoutez un groupe de clients dans un café. Ils posent des questions au garçon. Complétez le menu. *Listen to some people in a café asking the waiter some questions. Fill in the missing information on the menu.*

Café des Amis
Tarif des consommations

Boissons fraîches

1 _____	4€50
2 _____ (orange, **3** _____ , pomme)	4€
schweppes	4€
limonade	3€
coca-cola	4€

Boissons chaudes

café	3€50
grand crème	**4** _____
thé (nature, citron, **5** _____)	4€
6 _____	5€

Boissons alcoolisées

vin blanc/rouge	4€50
bière (**7** _____)	4€50
bière (**8** _____)	5€
panaché	4€
kir	**9** _____
cognac	**10** _____

Snacks

11 _____	3€50
sandwichs (fromage, **12** _____ , pâté, saucisson)	4€50
glaces (café, chocolat, **13** _____ , vanille)	4€
sorbets (cassis, **14** _____ , fruit de la passion)	**15** _____

Service non compris

Listening 1b

1 & 2 Cochez deux choses que le client choisit. *Tick two items that the customer orders.*

MENU à 10 €	
soupe de légumes	☐
OU	
saucisson à l'ail	☐
—	
poulet rôti	☐
OU	
omelette au jambon	☐
—	
FROMAGE ☐ ou DESSERT ☐	

Sondage

Complétez. *Complete.*

SONDAGE NOURRITURE interview 3: sexe M ✔ / F   âge 18–30 ✔ / 30–45 / 45–60 / 60+

3 aime / n'aime pas le poisson   poisson préféré _____

4 aime / n'aime pas la viande   viande préférée _____

5 aime / n'aime pas le fromage   fromage préféré _____

6 aime / n'aime pas les fruits   fruits préférés _____

7 aime / n'aime pas l'alcool   boisson préférée _____

Recette

Écoutez la liste des ingrédients pour les recettes de la soupe à l'oignon et du soufflé au roquefort et complétez les quantités qui manquent. *Listen to the lists of ingredients for the 2 recipes and fill in the missing quantities.*

Soupe à l'oignon **(pour 6 personnes)**	**Soufflé au roquefort** **(pour 4 personnes)**
8 ___ grammes d'oignons	**12** ___ grammes de roquefort
60 grammes de beurre	**13** ___ grammes de beurre
9 ___ grammes de farine	75 grammes de farine
10 ___ tablettes de concentré de bœuf	**14** ___ litre de lait
11 ___ grammes de gruyère râpé	**15** ___ œufs
sel, poivre	sel, poivre

Speaking 1a

PARTENAIRE A

1 Vous êtes le client / la cliente.

Appelez le serveur / la serveuse! Commandez des boissons et des snacks pour vous et votre ami(e). *Call the waiter / waitress over. Using the pictures below, order drinks and snacks for yourself and a friend. Ask how much it comes to.*

2 Maintenant vous êtes le serveur / la serveuse.

Servez votre client(e)! Répétez la commande de votre client(e) et notez-la. Ajoutez les prix. *Serve your customer! Repeat your customer's order and note it down. Add the prices.*

Café de la gare

Café de la gare			
Tarif des consommations			
boissons		**snacks**	
café	3€50		
thé	4€	sandwich	4€50
schweppes	3€20	glace	2€40
jus de fruit	4€		
bière	4€50		
vin blanc	4€50		

Speaking 1a

PARTENAIRE B

1 Vous êtes le serveur / la serveuse.

Servez votre client(e)! Répétez la commande de votre client(e) et notez-la. Ajoutez les prix. *Serve your customer! Repeat your customer's order and note it down. Add the prices.*

Café de la paix			
Tarif des consommations			
boissons		**snacks**	
café	3€50		
thé	4€	glace	2€30
citron pressé	4€50	croque-monsieur	3€50
cognac	12€		
vin rouge	4€50		
bière	5€		

2 Maintenant vous êtes le client / la cliente.

Appelez le serveur / la serveuse! Commandez des boissons et des snacks pour vous et votre ami(e). *Call the waiter / waitress over. Using the pictures below, order drinks and snacks for yourself and a friend. Ask how much it comes to.*

Speaking 1b

PARTENAIRE A

1 Vous êtes à l'hôtel, à la chambre 16. *You are in room 16 at the hotel. Telephone reception to order breakfast.* Le / la réceptionniste commence. *The receptionist begins.*

VOUS *(Greet him / her and ask for breakfast.)*

_____

VOUS *(Tell him / her.)*

_____

VOUS *(Answer his / her question.)*

_____

VOUS *(Order what you'd like to eat.)*

_____

VOUS *(Choose drinks.)*

2 Maintenant vous êtes réceptionniste à *Bonhôtel. Now you are the receptionist at* Bonhôtel. *A customer orders snacks in their room.* Complétez la fiche Snack ci-dessous. *Complete the Snack form.*

Vous commencez. *You begin.*

VOUS *Bonjour. Réception!*

_____

VOUS *On peut vous servir une omelette, une pizza romana, une crêpe, un croque-monsieur ou un sandwich.*

_____

VOUS *Désolé(e), m . . . Il n'y a plus de champignons.*

_____

VOUS *Très bien. Et comme boisson?*

_____

VOUS *C'est pour quelle chambre, m . . . ?*

Bonhôtel FICHE SNACK Chambre _____ Pour ____ personne(s)
Omelette ☐ _____
Crêpe ☐ _____
Pizza romana ☐ _____ Croque-monsieur ☐ _____
Boissons: _____

Speaking 1b

PARTENAIRE B

1 Vous êtes réceptionniste à *Bonhôtel*. *You are the receptionist at* Bonhôtel. *A customer orders breakfast in their room.* Complétez la fiche petit déjeuner ci-dessous. *Complete the breakfast form.* Vous commencez. *You begin.*

VOUS *Bonjour. Réception!*

_____

VOUS *Quel est le numéro de votre chambre, m . . .?*

_____

VOUS *Très bien. C'est pour combien de personnes?*

_____

VOUS *Alors, qu'est-ce que vous prenez, m . . .?*

_____

VOUS *Très bien, m . . . Et qu'est-ce que vous prenez comme boisson?*

Bonhôtel FICHE PETIT DÉJEUNER	Chambre _____ Pour ___ personne(s)
jus de fruit ☐ _____	sélection de céréales ☐
pain ☐ / pain grillé ☐ / croissants ☐	avec beurre / margarine et sélection de confitures ☐
café ☐ _____	thé ☐ _____ chocolat chaud ☐
en supplément: petit déjeuner à l'anglaise ☐ _____	

2 Maintenant vous êtes à l'hôtel, à la chambre 25. *Now you are in room 25 at the hotel.* Telephone reception to order snacks. Le / La réceptionniste commence. *The receptionist begins.*

VOUS *(Greet him / her. Ask what kind of snacks they have. You're hungry, so are the children.)*

_____

VOUS *(Say fine. Order a mushroom omelette for yourself.)*

_____

VOUS *(Order something else for yourself and different snacks for the children.)*

_____

VOUS *(Order what you like!)*

_____

VOUS *(Answer his / her question.)*

Reading 1a

Mettez la conversation entre la cliente et le garçon dans le bon ordre. *Put the conversation between the customer and the waiter in the right order.*

1 L'addition, s'il vous plaît.

2 Au revoir!

3 Bonjour madame.

4 Oui, madame. C'est tout?

5 Voilà, monsieur.

6 Le menu, s'il vous plaît.

7 Je voudrais un croque-monsieur.

8 Voilà. Ça fait trois euros cinquante.

9 Non, une bière aussi.

10 Merci. Au revoir madame.

11 Vous désirez?

12 Tout de suite, madame.

Reading 1b

Lisez et répondez *Read and answer.*

CAFÉ GOURMAND Saint-Émilion
(près de la Chapelle de la Trinité)

  – Foie gras
  – Salade de chèvre chaud
  – Salade poulet
  – Steack tartare

Soirées dansantes – Salon de thé

---

1 Name two meat dishes you can get at the Café Gourmand.

2 What would you choose if you were a vegetarian, or wanted a light meal?

3 Where is the café situated?

4 What entertainment is available in the evening?

5 What might attract English visitors?

Bar–Restaurant BELLEVUE

=== (à 2 km de La Baule) ===

• **Grand buffet de salades** •
• **Grillades** •
• **Spécialités bretonnes le soir** •

Terrasse ensoleillée face à l'océan
Service à toute heure

---

6 Where is the restaurant Bellevue situated?

7 What attraction does it offer?

8 When can you get a meal?

9 What is served in the evening?

10 What other kind of food is available?

Writing 1a

Vous organisez un pique-nique. Avant d'aller faire les courses, faites une liste de la nourriture et des boissons dont vous avez besoin (10 à 12 choses). *You are organizing a picnic. Before going shopping, make a list of the food and drink you need (10 to 12 items). Include the items shown.*

Writing 1b

Écrivez la liste des ingrédients pour une ou deux recettes de votre choix. *Write a list of ingredients for one or two recipes of your choice.*

Listening 2

Écoutez la conversation sur la cuisine anglaise et complétez le texte suivant:

– Quelles sont les spécialités typiquement anglaises?

– Eh bien, le plat favori du dimanche, par exemple, c'est le rôti de **1** _____ .

– Qu'est-ce qu'on mange avec?

– Traditionnellement, des **2** _____ , des **3** _____ rôties

et du Yorkshire pudding.

– Du Yorkshire pudding, qu'est-ce que c'est que ça?

– C'est difficile à expliquer. Disons que c'est une sorte de soufflé composé de **4** _____ ,

d'**5** _____ et de **6** _____ .

– Un peu comme les **7** _____ !

– Tout à fait. On utilise les mêmes **8** _____ , mais la pâte est moins liquide.

– Et quel serait un **9** _____ typique?

– Il y a beaucoup de choses, vous savez. Personnellement, j'aime beaucoup le 'crumble'.

– Qu'est-ce que c'est exactement?

– C'est composé de **10** _____ , des **11** _____ ou des **12** _____ , par exemple,

avec une sorte de **13** _____ dessus. On le sert chaud avec de la **14** _____ .

– C'est difficile à faire?

– Pas du tout. C'est très simple et c'est **15** _____ !

Façon de Parler Plus! copyright © 2001 Hodder & Stoughton Educational

Speaking 2

PARTENAIRE A

**1 Vous êtes serveur / serveuse dans un café-restaurant. Servez le client / la cliente et écrivez la commande.
Vous commencez:**

Il n'y a plus de melon. Dans le lapin chasseur, il y a du lapin, du vin blanc, des tomates et des champignons. La tarte 'maison', c'est de la tarte aux prunes.

– *Bonjour, m . . ., vous désirez?*

_____

– *Et ensuite?*

_____

– *Et comme dessert?*

_____

– *Et comme boisson?*

_____

> MENU *à 28 euros*
>
> *Soupe à l'oignon*
> *Melon au porto*
> *Saucisson à l'ail*
>
> *
>
> *Poulet rôti*
> *Steack-frites*
> *Lapin Chasseur*
>
> *
>
> *Yaourt nature*
> *Tarte 'maison'*
> *Ananas*

Le client / la cliente commande:

Entrée _____

_____

Plat principal _____

_____

Dessert _____

_____

Boisson _____

_____

2 Maintenant vous êtes le client / la cliente.

Commandez le repas.

Vous êtes végétarien(ne).
Demandez ce qu'il y a dans le potage Crécy.
Demandez ce qu'il y a dans le poivron farci.
Demandez ce qu'il y a comme fromage / dessert.
Commandez un jus de fruit.

> # MENU à 30 euros
>
> Potage Crécy
> Terrine du Chef
> Œuf dur à la mayonnaise
>
> *
>
> Sole Meunière
> Bœuf Bourguignon
> Poivron farci
>
> *
>
> Fromage ou Dessert

Speaking 2

PARTENAIRE B

1 Votre partenaire est serveur / serveuse dans un café-restaurant. Vous êtes le client / la cliente.

    1 Commandez le repas.

      Vous êtes allergique aux tomates. Demandez ce qu'il y a dans le Lapin Chasseur. Vous n'aimez pas les prunes. Demandez ce que c'est, la tarte 'maison'. Commandez une bouteille de vin rouge / blanc.

MENU *à 28 euros*

Soupe à l'oignon
Melon au porto
Saucisson à l'ail

*

Poulet rôti
Steack-frites
Lapin Chasseur

*

Yaourt nature
Tarte 'maison'
Ananas

---

2 Maintenant vous êtes serveur / serveuse. Servez le client / la cliente et écrivez la commande. Vous commencez:

Il n'y a plus de soupe. Le potage Crécy est une soupe de carottes.
Dans le poivron farci il y a du riz, des champignons, des oignons et des tomates.
Comme fromage il y a du roquefort ou du camembert.
Comme dessert il y a des glaces, des fraises ou de la crème brûlée.

– *Bonsoir, m . . . . Qu'est-ce que vous prenez?*

_____

– *Et ensuite?*

_____

– *Du fromage ou un dessert?*

_____

– *Et comme boisson?*

_____

MENU à 30 euros

Potage Crécy
Terrine du Chef
Œuf dur à la mayonnaise

*

Sole Meunière
Bœuf Bourguignon
Poivron farci

*

Fromage ou Dessert

Le client / la cliente commande:

Entrée _____

_____

Plat principal _____

_____

Fromage / Dessert _____

_____

Boisson _____

_____

Reading 2

Reliez chaque recette à sa liste d'ingrédients.

Recettes

1 Pommes de terre au gratin

2 Pommes de terre sautées à la lyonnaise

3 Croque-monsieur

4 Soufflé au fromage

5 Tarte à l'oignon

6 Pissaladière

7 Salade de fruits d'hiver

8 Salade de fruits d'été

Ingrédients

A pâte brisée
oignons
crème fraîche
lait
gruyère
sel, poivre

B tranches de pain mie
gruyère
jambon de Paris
beurre

C pommes
bananes
oranges
raisins secs
rhum, eau, sucre
jus de citron

D pommes de terre
crème fraîche
lait
gruyère râpé
beurre
sel, poivre

E pâte brisée
oignons
tomates
olives
filets d'anchois
huile d'olive, sel, poivre

F pommes de terre
oignons
huile, beurre
sel, poivre
persil

G pêches
abricots
fraises
melon
sucre
Kirsch ou
Grand-Marnier

H lait
farine
œufs
gruyère râpé
beurre
sel, poivre
noix de muscade

Writing 2

Écrivez une lettre à propos de la nourriture à une famille française qui va recevoir votre famille pendant les vacances. (Par exemple, vous êtes végétarien(ne), votre compagnon / compagne est allergique aux fruits de mer / cacahuètes, etc., les enfants sont difficiles – ils ne mangent pas d'œufs, n'aiment pas le fromage, etc.)

> *Monsieur / Madame,*
>
> *Nous attendons notre visite en France avec impatience. Malheureusement il y a quelques problèmes en ce qui concerne la nourriture . . . . . .*
>
> *Recevez, Monsieur / Madame, mes salutations les plus amicales.*

Reading 3

Après la parution d'un article sur la nourriture, les lecteurs ont écrit au magazine pour donner leur avis.
Répondez aux questions sur ces lettres en anglais:

> J'aimerais encourager les lecteurs à essayer quelques recettes végétariennes. Vous verrez, non seulement c'est bon pour la santé, mais c'est aussi délicieux et varié. Et quelle joie de penser que les animaux ne souffrent pas! Pour moi, c'est la solution idéale.
>
> Corinne, 52 ans

1 What is Corinne trying to do and why?

> Il ne faut pas se faire d'illusions. La vie change sans arrêt et on a de moins en moins le temps de faire la cuisine. Vivent les plats cuisinés et les fours micro-ondes! Il faut être moderne et vivre avec son temps. Nous sommes au vingt et unième siècle maintenant, ne l'oublions pas. A nouveau millénaire, nouveau style de vie. Vive le progrès!
>
> Micheline, 26 ans

2 Is Micheline happy to live in today's world and why?

> Je vous écris parce que je suis très inquiet. J'adore faire la cuisine, en particulier les plats traditionnels. J'utilise toujours des produits frais et de saison. Naturellement, c'est assez cher, mais là n'est pas le problème. Ce qui me préoccupe, c'est que mes petits-enfants préfèrent les 'fastfoods'! De plus, ils n'apprécient pas du tout les repas en famille qui, à mon avis, sont si agréables. Comment va-t-on rapprocher les générations, si ce n'est autour d'une table de salle à manger?
>
> Lucien, 68 ans

3 What sort of food does Lucien like to prepare?   **4** What worries him nowadays?

> Quand j'ai passé des heures à la cuisine à préparer un repas pour la famille, je n'éprouve aucun plaisir à le manger. Que le résultat de tout ce travail disparaisse en quelques minutes me révolte. Et en plus, il y a toujours une montagne de vaisselle qui m'attend, lave-vaisselle ou non. En ce qui me concerne, faire la cuisine est une perte de temps et d'énergie!
>
> Marie-Françoise, 42 ans

5 How does Marie-Françoise feel about cooking?   **6** What reasons does she give?

Reading 3

> Je suis père célibataire et je suis heureux de pouvoir acheter des conserves, des produits surgelés et des plats cuisinés à réchauffer en quelques minutes au micro-ondes. Aujourd'hui il est possible de bien manger, de façon saine et variée, sans passer des heures dans sa cuisine. Après tout, la vie est trop courte pour passer son temps à éplucher des pommes de terre, surtout quand on a de jeunes enfants!   Daniel, 37 ans

7 What is Daniel happy to buy?

8 In his opinion, what are the advantages?

> **Dans notre type de société, comme en général nous mangeons trop, une grande partie des gens est au régime, soit pour des raisons de ligne, soit pour des raisons de santé. Parallèlement, en Afrique et dans les autres pays du Tiers Monde, la majorité des gens n'a pas assez à manger. Quelle injustice!   Sylvie, 33 ans**

9 What does Sylvie find so unfair?

> "Il faut manger pour vivre et non vivre pour manger". Je suis d'accord, mais manger peut aussi être un plaisir et un moment de détente, surtout si on partage le repas avec la famille ou des amis.   Jean-Michel, 49 ans

10 What does Jean-Michel agree with?

11 What other dimension does he give to eating?

> Je pense que McDo c'est bien pour les jeunes. Le service est rapide, ce n'est pas cher et l'ambiance est super sympa. Moi, mon plat préféré c'est le hamburger-frites, donc j'adore!   Clémentine, 16 ans

12 According to Clémentine, why are McDonald restaurants popular with youngsters?

13 Why is she a particular fan?

> J'ai quinze ans, mais je n'aime pas les fastfoods. Les emballages sont mauvais pour l'environnement et moi, je préfère manger dans une assiette avec un couteau et une fourchette. De plus la nourriture n'est pas bonne et il n'y a pas beaucoup de choix. Pas étonnant que personne ne dise 'Bon appétit'!   Henri-Luc

14 Why does Henri-Luc criticise the way fast food is served?

15 What does he think about the food itself?

Writing 3

Lisez les lettres de 'Reading 3'.

Au choix:

1 Vous voulez, vous aussi, donner votre avis au sujet de la nourriture. Écrivez une lettre au magazine.

2 Imaginez que vous êtes rédacteur / rédactrice au magazine. Écrivez une réponse à vos lecteurs.

Speaking 3

Vous voulez aller au restaurant avec un(e) ami(e). Regardez les encarts publicitaires à la page 74 de *Façon de Parler 2*. Discutez avec votre ami(e) pour vous mettre d'accord sur le choix d'un restaurant.

Listening 3

Regardez les encarts publicitaires à la page 74 de *Façon de Parler 2* et écoutez les quatre conversations. On parle de quel restaurant?

1 _____ 2 _____

3 _____ 4 _____

10   Problems

Listening 1a

Écoutez 5 personnes qui ont des problèmes et choisissez la bonne réponse. *Listen to 5 people with problems and choose the right answer.*

1 La dame (a) n'a pas faim, (b) est probablement végétarienne, (c) n'aime pas le poulet.

2 (a) Il pleut. (b) L'enfant a sommeil. (c) L'enfant déteste l'école.

3 La dame (a) a perdu son porte-monnaie, (b) a acheté trop de nourriture,(c) n'a pas assez d'argent.

4 Sylvie (a) est allergique aux animaux, (b) a peur du hamster, (c) n'aime pas les oiseaux.

5 Le monsieur (a) n'aime pas le vin rouge, (b) préfère du vin blanc avec le poisson, (c) n'a pas soif.

Listening 1b

Où sont-ils? Quel est le problème? Quoi faire? Prenez des notes en anglais. *Where are they? What's the problem? What can be done about it? Make notes in English.*

	LOCATION	PROBLEM / DIFFICULTY	SOLUTION / RESOLUTION
1			
2			
3			
4			
5			

Speaking 1

1 *You meet a neighbour in the street. Greet him / her and ask how things are. You notice his / her new car:* Dites-moi, vous avez une nouvelle voiture? *Note what he / she says about it.*

LA NOUVELLE VOITURE

Neuve OUI / NON   confortable OUI / NON   automatique OUI / NON

Son / Sa _____ l'aime / ne l'aime pas parce que _____

_____

Now ask about your neighbour's work: Et le travail, ça va? *Note whether it's all right or not, and why.*

LE TRAVAIL

Ça va. ☐   Ça ne va pas. ☐   Parce que _____

_____

---

2 *Now you meet a friend in town. Respond to his / her greeting and say things are not going well. Your neighbours are back home. When he / she enquires about the noisy children, say what they do. There's a boy and a girl.*

You are asked about the animals. It's a real menagerie! As well as cats and dogs of their own, they're looking after other people's pets. Say what they are.

Speaking 1

PARTENAIRE B

1 *You meet a neighbour in the street. Respond to his / her greeting and say things are so-so. Answer his / her questions about your car. It's brand new and very comfortable but unfortunately not automatic. Say which member of your family likes it or dislikes it and give the reason why. Respond to the question about work and give a reason.*

2 *Now you meet a friend in town. Greet him / her and ask how things are. Enquire about those problem neighbours:* Dites-moi, ils font toujours autant de bruit avec leurs enfants et leurs animaux? *Note the replies.*

LES VOISINS – LEURS ENFANTS
Le garçon _____
La fille _____

Now ask what animals they've got: Et qu'est-ce qu'ils ont comme animaux? *React suitably when you get the reply!*

LES VOISINS – LEURS ANIMAUX
Chien(s) OUI / NON _____ chat(s) OUI / NON _____ poissons rouges OUI / NON

Autres _____

Reading 1a

Qu'est-ce que Marie a perdu? Débrouillez les mots. *What has Marie lost? Unscramble the words.*

1 TO SLY. **2** AS VILE. **3** LIVER. **4** YON CAR. **5** RAG NET. **6** CELS. **7** LEST TUNE. **8** ASC. **9** GAZA MINE. **10** RUNAL JO.

Reading 1b

Mettez les phrases dans le bon ordre pour raconter la soirée difficile de Jean-Luc. *Put the sentences in the right order to talk about Jean-Luc's difficult evening.*

1 Mais quand il arrive, le magasin est fermé.

2 Il fait vite ses achats et va tout de suite à la caisse.

3 Il retrouve son argent et sa carte de crédit dans la voiture et retourne au supermarché.

4 Le supermarché ferme dans une demi-heure.

5 Ce soir Jean-Luc va au supermarché faire des courses.

6 Il quitte le bureau de bonne heure, mais il y a des embouteillages.

7 Malheureusement le parking est complet et Jean-Luc laisse la voiture dans la rue.

8 Il ne peut pas payer car il a oublié sa carte de crédit et il n'a pas assez d'argent.

9 Très en colère, il laisse le shopping et part à toute vitesse.

10 Il arrive au supermarché à 8h 30.

Writing 1

Vous avez perdu quelque chose. Remplissez la fiche au bureau des objets trouvés. *You've lost something. Fill in the form at the Lost Property Office.*

BUREAU DES OBJETS TROUVÉS DE NONOVILLE

Nom et Prénom _____

Domicile _____

_____

_____

Pièce d'identité présentée (permis de conduire, carte d'identité etc.) _____

Objet perdu _____

Description _____

Valeur _____

Circonstances de la perte (où, quand, etc.) _____

_____

_____

Listening 2

Écoutez Isabelle, une jeune femme handicapée physique et répondez aux questions en anglais.

Première partie

1 When did Isabelle have her car accident?

2 What was the first time she experienced difficulty?

3 Why were things easier in hospital?

4 How did she feel about being handicapped?

Deuxième partie

5 What is one of the main difficulties for handicapped people?

6 Name two things that are out of reach. (Four are mentioned.)

7 What are the two problems with doors?

8 What two aspects of shopping cause difficulty for Isabelle?

Troisième partie

9 Where was Isabelle's flat situated?

10 How was it adapted?

11 Can she manage to do housework?

12 Where does Isabelle now live?

13 Why is she happy there?

14 What does she still have to bear in mind before going out?

15 How does she think being able to drive will help her?

Façon de Parler Plus! copyright © 2001 Hodder & Stoughton Educational

Speaking 2

PARTENAIRE A

1 Vous êtes pharmacien(ne). Posez des questions à votre client(e). Cochez et complétez le texte ci-dessous. Vous commencez.

VOUS   *Qu'y a-t-il pour votre service, m . . .?*

_____

VOUS   *Vous avez de la fièvre aussi?*

_____

VOUS   *Vous avez vomi?*

_____

VOUS   *Vous avez d'autre symptômes?*

_____

VOUS   *En ce cas, je vous recommande ce médicament. Vous le préférez en sirop ou en comprimés?*

_____

VOUS   *Trois fois par jour, matin, midi et soir. Et buvez beaucoup d'eau.*

_____

VOUS   *Ça fait 3€ 50.*

> Le client / La cliente a mal _____ . Il / Elle a pris / n'a pas pris sa température.
> Il / Elle a aussi mal _____ . Il / Elle a choisi _____ comme médicaments.

2 Maintenant vous êtes malade. Vous êtes chez le médecin. Répondez à ses questions.

_____

VOUS   *(Say things aren't going well at all. You've got a sore throat.)*

_____

VOUS   *(A little. You've taken your temperature.)*

_____

VOUS   *(Answer the question.)*

_____

VOUS   *(Ask the doctor what the matter is, and if it's serious.)*

_____

VOUS   *(Ask if it's linctus and pills.)*

_____

VOUS   *(Make a complaint about what he / she prescribes.)*

Speaking 2

PARTENAIRE B

1 Vous êtes dans une pharmacie. Répondez aux questions du pharmacien / de la pharmacienne.

VOUS *(Say you have a stomach ache.)*

VOUS *(Say you don't know, you haven't taken your temperature.)*

VOUS *(Say not yet, but you feel sick.)*

VOUS *(Tell the pharmacist if you've got any other symptoms.)*

VOUS *(Give your preference. Ask how many times a day you have to take the medicine.)*

VOUS *(Thank the pharmacist and ask how much you owe.)*

2 Maintenant vous êtes le médecin. Posez des questions à un / une de vos malades. Cochez et complétez le texte ci-dessous. Vous commencez:

VOUS *Bonjour cher monsieur / chère madame. Comment allez-vous aujourd'hui?*

VOUS *Vous avez de la fièvre?*

VOUS *Vous avez mal aux oreilles aussi?*

VOUS *Hmm, faites voir. Ouvrez la bouche, s'il vous plaît. Ah oui, c'est rouge.*

VOUS *Non, vous avez seulement une angine, m . . . . Je vais vous faire une ordonnance.*

VOUS *Du sirop pour la gorge et des suppositoires.*

VOUS *Je suis désolé(e), m . . . . C'est ce qu'il y a de mieux contre cette sorte de problème.*

Le / La malade a mal _____ . Il / Elle a de la fièvre / n'a pas de fièvre. Il / Elle a / n'a pas mal _____ . Il / Elle se plaint parce que _____ .

Reading 2

La traduction des rubriques de cet hebdo n'est pas toujours bonne. Complétez la version anglaise et corrigez les erreurs.

CONSEILS A NOS LECTEURS / LECTRICES

SANTE

Insomnie, troubles du sommeil – tous les nouveaux traitements.
Quoi de neuf en rhumatologie?
Brossage des dents contre les maladies cardiaques.
Des jouets toxiques pour les bébés.
Psycho – ce que vos dessins révèlent de votre vie.
Pour être en pleine forme: le plein de calcium.

VOS DROITS

Une association qui vous aide en cas de divorce.
Les nouvelles mesures de sécurité pour les consommateurs.
Des informations pratiques sur l'assurance.
Trois solutions pour améliorer sa retraite.

BEAUTE / BIEN-ETRE

Le bronzage – comment garder vos belles couleurs.
Mincir en se relaxant.
Crèmes visage, antifatigues, hydratatantes et protectrices.
Coiffures modernes – faciles, et vite faites.
Faites du sport sans malmener votre corps.

ADVICE TO OUR READERS

HEALTH

Insomnia, disturbed sleep, all the new treats.	**1**
What's new in rheumatology?	**2**
Brushing teeth to guard against _____	**3**
Toxic toys for _____	**4**
Psychology: _____	**5**
To be on top form, top up with calcium.	**6**

YOUR RIGHTS

An association that helps you in the case of divorce.	**7**
New safety measures _____	**8**
_____ on insurance.	**9**
Three solutions to improve your retreat.	**10**

BEAUTY / FEELING GOOD

_____ how to keep your nice colour.	**11**
Mince while relaxing.	**12**
Face creams, for tiredness, moisturising and protection.	**13**
Modern hairdressers, easy-going and quick workers.	**14**
Do sport without mistreating your body.	**15**

Writing 2a

Vous échangez votre maison avec une famille française. Faites-leur une liste des tâches qu'il faut faire pendant votre absence. L'animal familier est resté à la maison. Continuez:

> *Chers amis,*
>
> *Vous serez très gentils de complétez les choses suivantes:*
>
> *Mettez la poubelle devant la maison dimanche soir* _____.
>
> _____
>
> _____
>
> _____
>
> _____

Writing 2b

Vous venez d'apprendre que votre ami(e) français(e) est tombé(e) malade. Écrivez-lui en lui donnant quelques conseils. Utilisez quelques-uns des conseils ci-dessous ainsi que les expressions suivantes:

Il est important de . . . N'oubliez pas de . . . Vous savez que . . . Je suis sûr(e) que . . . Il vaut mieux . . . Il faut . . .

RESPECTER LES DOSES PRESCRITES	NE PAS BOIRE D'ALCOOL
CONSERVER AU FROID	RESTER AU LIT
PRENDRE AVANT LES REPAS	BOIRE BEAUCOUP D'EAU
SUIVRE UN RÉGIME ÉQUILIBRÉ	SE COUCHER DE BONNE HEURE
COMPLÉTER LE TRAITEMENT	PRENDRE LES MÉDICAMENTS
ÉCOUTER LES CONSEILS DU MÉDECIN	SE REPOSER

> *Chère Marielle,*
>
> *Je suis désolé(e) d'apprendre que vous n'allez pas bien . . .* _____
>
> _____
>
> _____
>
> _____
>
> _____
>
> _____
>
> _____
>
> *En espérant que vous serez bientôt en pleine forme, je vous envoie mes plus affectueuses pensées.*

Speaking 3a

PARTENAIRE A

1 Vous êtes médecin.

Un / une malade est venu(e) vous voir. Faites le bon diagnostique en lui posant les questions nécessaires. Puis donnez-lui des conseils.

2 Maintenant vous êtes malade.

Vous allez chez le médecin. Décrivez un à un vos symptômes.

- Vous avez mal à la tête, vous avez de la fièvre, vous avez des douleurs aiguës au ventre.

- Vous avez vomi et vous n'avez aucune envie de manger. Vous avez déjà été opéré contre l'appendicite.

Notez le diagnostique du docteur et ses conseils.

Speaking 3a

PARTENAIRE B

1 Vous êtes malade.

Vous allez chez le médecin. Décrivez un à un vos symptômes.

- Vous avez mal à la tête. Vous avez de la fièvre. Vous êtes fatigué(e). Vous avez mal aux yeux et vous n'aimez pas regarder les lumières vives. Quelques boutons viennent d'apparaître.

Notez le diagnostique du docteur et ses conseils.

2 Mainenant vous êtes médecin.

Un / une malade est venu(e) vous voir. Faites le bon diagnostique en lui posant les questions nécessaires. Puis donnez-lui des conseils.

Speaking 3b

Encore des problèmes!

A group activity which consists in choosing a problem associated with group travel abroad, and finding a solution. The students choose one of the following situations, then work in small groups to resolve the problem. They then report back to the rest of the class.

1 Vous partez en car faire la visite d'une ville historique. Il y a beaucoup de circulation, plein de gens sur les trottoirs. À l'heure du rendez-vous pour le retour, il manque une personne. Elle est jeune et elle ne parle pas un mot de français. Une heure plus tard et elle n'est toujours pas là. **Qu'est-elle devenue?** Discutez et décidez ce que vous allez faire.

2 Vous êtes dans le nord de la France avec une chorale / une équipe de sport. Après votre dernier concert / match vous partez ensemble dans plusieurs voitures à la recherche d'une boîte de nuit en Belgique. Au retour, à deux heures du matin, vous avez un accrochage.* Le chauffeur français (un inconnu) a tous ses papiers sur lui, mais l'anglais, un membre de votre groupe, a oublié les siens dans l'appartement de ses amis français. **Qu'allez-vous faire?** Vous êtes toujours en Belgique, pas loin de la frontière française.

3 Vous êtes installés dans un hôtel en Dordogne, sans transport. Vous êtes venus en groupe faire des randonnées pédestres dans les environs. L'hôtel laisse à désirer: toilettes sales, fuites d'eau dans la salle de bains, appareils qui ne marchent pas, menu inappétissant au restaurant, etc. Pour tout arranger il pleut tous les jours. Il est difficile de se plaindre au guide car son frère est le patron de l'hôtel. **Qu'allez-vous faire?** Vous vous réunissez pour en discuter.

*a minor car accident

Listening 3

Écoutez les informations à la radio. D'abord, trouvez le bon titre pour chaque nouvelle, en les numérotant de **1** à **8**.

FUITE DE GAZ – CATASTROPHE ÉVITÉE LE PRIX DU PIGEON
LES MALFAITEURS SE RENDENT À LA JUSTICE LA FRANCE AU RÉGIME
À BAS LA TVA! L'EAU QUI MONTE
LE SANS PLOMB COÛTE PLUS CHER LES CD BRILLANTS

Écoutez encore une fois. Trouvez un titre équivalent en anglais et faites le résumé de chaque nouvelle pour la presse britannique.

Reading 3

Lisez le résumé d'un article sur l'anxiété.

Etes-vous victime de l'anxiété?

Les anxieux sont-il des pessimistes-nés?

Les gens ont tous un tempérament différent: certains ont peur de l'avenir, d'autres sont inquiets pour leurs proches. A la base, l'anxiété est un trait de caractère comme l'est la générosité ou la gentillesse. L'anxiété n'a pas que des mauvais côtés. En laboratoire, on a démontré que les rats anxieux étaient plus intelligents que les autres. A petite dose l'anxiété rend plus vigilant. Les inquiets s'adaptent mieux aux situations nouvelles et, surtout, apprennent plus vite. Mais lorsque l'inquiétude prend des proportions trop importantes, elle peut faire apparaître certains troubles, qu'il faut traiter. 15% des Français seraient malades d'anxiété.

L'anxiété, qu'est-ce que c'est?

Outre le trac, qui se manifeste par exemple le jour où vous passez un examen, ou quand vous montez dans un avion et qui est donc une forme d'anxiété passagère, il y a mille et une manières d'être anxieux. 13% de la population reconnaît d'être atteint de phobies, comme la peur du sang ou celle du dentiste ou même la phobie des araignées ou des serpents. On peut être pris d'une attaque de panique paralysante et soudaine, en réponse à des situations parfois banales: le fait de faire la queue trop longtemps au supermarché par exemple. Tout d'un coup, on panique et on est obligé de quitter la file d'attente. Ces crises-là se caractérisent par des palpitations cardiaques, des tremblements, des sueurs froides, des vertiges, l'impression de flotter. Les fausses crises d'appendicite ou les fausses crises cardiaques sont également des réactions anxieuses. Enfin, il existe des inquiets perpétuels, les gens qui craignent le pire et voient continuellement la vie en noir. Dans leur cas on parle d'anxiété généralisée.

Comment réagit un anxieux?

L'anxieux a souvent peur de l'inactivité et est capable de faire plusieurs choses à la fois. Du point de vue professionnel, il est ambitieux et a le sens de la compétition. Il est impatient et a du mal à se détendre. Il refuse toute forme de faiblesse, en particulier la maladie. Il essaie surtout de cacher aux autres que quelque chose ne va pas. Le phobique cherche à supprimer la cause de ses malaises. S'il a peur de l'avion, il prendra le train, la voiture. Certains évitent ainsi les ascenseurs, l'altitude, les chiens. Quelquefois l'anxieux se sent inhibé. Il voudrait bien, mais il ne peut pas, par crainte de ne pas réussir. Ou bien il est hyperactif. Pour calmer l'anxiété, on crée des rituels souvent absurdes. Le fait de vérifier plusieurs fois si sa porte est bien fermée, par exemple, est un rituel qui peut devenir répétitif et envahissant.

La lutte contre le stress quotidien – quelques conseils.

Si votre agenda est surchargé, établissez des priorités. Vous n'êtes pas obligé(e) de tout faire en une seule journée. Accordez-vous une pause. Relaxez-vous au moins quinze minutes par jour. A chaque fois que vous vous affolez, concentrez-vous sur votre respiration et essayez de la calmer. Relativisez. A chaque jour suffit sa peine. Si les lits ne sont pas faits le jeudi, ils le seront le vendredi.

Reading 3

Complétez le texte avec le vocabulaire ci-dessous.

**médicaments   rituels   inquiétude   panique   évite   vie   sortir
effectuer   caractère   travail   nuit   enfants   traiter   anxiété   consulter**

En fait l'anxiété est un trait de **1** _____ comme la gentillesse. Il est normal de se soucier de

ses **2** _____ ou de son **3** _____ . Mais quand l' **4** _____ n'est

pas maîtrisée, il faut **5** _____ les troubles qu'elle entraîne. Il vaut mieux

6 _____ : si on multiplie les **7** _____ de lavage et de nettoyage; si on ne dort

pas la **8** _____ à cause de ses idées noires; si on n'arrive pas à **9** _____ des

actes simples de sa **10** _____ quotidienne; si on n'ose plus **11** _____ de chez

soi; si on **12** _____ systématiquement certains endroits; si on fait de plus en plus de crises

de **13** _____ . Pour apprendre à mieux dominer son **14** _____ , il est

recommandé d'entreprendre une psychothérapie. Si nécessaire, le psychiatre prescrira certains

15 _____ .

Writing 3

Écrivez une lettre d'excuse pour un rendez-vous manqué. Votre lettre doit contenir:

1 Vos coordonnées (en haut à gauche) et la date.

2 Une formule d'excuse.

3 Le rappel du lieu, de la date et de la raison du rendez-vous.

4 Une explication pour votre absence.

5 La proposition d'un autre rendez-vous.

6 La formule de politesse.

Key and Tapescript

Key

1 People and Places

Listening 1a

1 La tour Eiffel. **2** Le Sacré-Cœur. **3** La Défense. **4** Le Louvre. **5** Les Invalides.

Listening 1b

1 Maria Judd. **2** José Domingo. **3** Josée Nemours. **4** Gérard Parrain. **5** Anne Jacobsen.

Reading 1a

1 Corse. **2** Versailles. **3** Pompidou. **4** Bretagne. **5** Tertre. **6** Martinique. **7** Comédie Française. **8** Seine. **9** Bourgogne. **10** Latin.

Writing 1

1 parents, **2** sœur, **3** école, **4** parents, **5** père, **6** amis, **7** grands-parents, **8** mère, **9** sœurs, **10** grand-père, **11** jardin, **12** amies / copines.

Reading 1b

1 Louis XIV. **2** Marie-Antoinette. **3** Napoléon Bonaparte. **4** Guillaume le Conquérant. **5** Jeanne d'Arc. **6** Charles de Gaulle. **7** Catherine de Médicis. **8** Aliénor d'Aquitaine.

Listening 2

1 He is courteous, nice to everyone, perhaps too nice. He doesn't like getting angry, so would prefer to give in rather than have a row. He is of average height, a little plump. He hasn't much hair, but has a beard and moustache.

2 She is very efficient and intelligent, but looks a bit strict, especially when she's wearing her glasses. She is fair with people, beautiful and charming, with blond hair swept up in a chignon and has blue eyes. She hasn't got a sense of humour and she treats her employee as if he were her little boy. She is about forty.

3 He is always in a good mood, never gets angry, makes jokes and gets on well with colleagues and clients. He loves his food, at the restaurant or at the golf club. He is often absent, on the golf course or at the bar. It's difficult when customers want to make an afternoon appointment, because he's often drunk.

4 He's an egoist, who never listens to anyone who doesn't share his opinion. His employee thinks he's an old so-and-so and a womaniser, but his wife thinks he's patient, attentive and sensitive!

Reading 2

1 D. **2** E. **3** G. **4** F. **5** B. **6** C. **7** A.

Listening 3

1 March 5th. **2** Her grandchildren sent her flowers and phoned her up. **3** When the childminder is ill, often on Wednesdays as there is no school, a few days in the summer. **4** She is very busy: she goes to art classes, she does voluntary work, she goes out with friends, she travels. **5** She helps her grandchildren find their identity by talking to them about other members of the family. **6** No, her daughter would not like it. **7** She plays with them, tells them stories, takes them to the cinema or the swimming-pool. **8** When couples have problems – separation or divorce – grandmothers are a stable element for the children.

Reading 3

1 Roller skates and roller blades. **2** 50,000 people have bought one since the beginning of the year/ in the last ten months. **3** He used one to move around in his palace when he was President of the Czech Republic. **4** Younger users prefer bright colours while more mature ones choose plain stainless steel, like knife blades. **5** Skaters. **6** The fact that it is faster than walking (except uphill) and that there are no parking problems – they fold into a bag. **7** It takes a while to get your balance. They can be dangerous for other people using pavements. They could be heavy to carry when folded. You don't look your best when you get to your meeting: You must wear flat shoes, preferably trainers. The physical effort makes you sweat. It's impossible to use an umbrella when it rains. Older users can look rather stupid and one of your calves could develop to look like a professional cyclist's. **8** *Suggested answers:* Scooters invade French cities! / Old toys become latest means of transport in town! / Be modern, go to work on a toy!

2 Accommodation

Listening 1a

1 castle. **2** mother. **3** summers. **4** lounge / drawing room. **5** family. **6** on the first floor. **7** bedroom. **8** bathroom. **9** bedroom. **10** tower. **11** room. **12** work.

Listening 1b

RÉSIDENCE PRINCIPALE		RÉSIDENCE SECONDAIRE	
Location	Type	Location	Type
1 banlieue (de Rennes)	appartement		
2 à la campagne (en Normandie)	ferme		
3 à la campagne (près de Loch Ness)	château (isolé)		
4 en ville (à New York)	appartement (de standing)	banlieue de Hollywood	villa
5 au bord de la mer (à la Martinique)	(grande) maison	en ville (à Paris)	(petit) appartement

Reading 1

1 e, **2** f, **3** d, **4** i, **5** c, **6** h, **7** a, **8** g, **9** b.

Writing 1b

1 prenez le petit déjeuner. **2** sept heures et demie. **3** du / le pain.
4 sept heures. **5** faites les lits. **6** faites la vaisselle. **7** faites la lessive.
8 faites du / le repassage. **9** faites les courses / commissions / achats.
10 faites le ménage. **11** regarder la télé. **12** écouter la radio.
13 vais au supermarché. **14** hamster. **15** poisson rouge.

Listening 2

Francine's flat is no. 8.

Reading 2a

1 ombragé. **2** électricité. **3** sable. **4** chien. **5** laverie automatique.
6 piscine. **7** plats cuisinés. **8** blocs sanitaires. **9** lampe de poche.
10 télécarte. **11** sac de couchage.

Reading 2b

1 They all have: a luxury bathroom, a coloured TV with remote control, a
desk, a telephone, a mini-bar, air-conditioning, sound-proofing, a magnetic card key for increased security. **2** They try to give you personalised
service and make you feel at home. **3** Meetings, conferences and cele-
bratory meals such as weddings, etc. **4** It offers top quality food and
superb views of the town. **5** You can get quality drinks and snacks and
the atmosphere is welcoming. **6** Quick and reasonably priced meals
and a well stocked breakfast buffet. **7** A swimming-pool, a sauna and a
large car park.

Listening 3

1 Faux, **2** Vrai, **3** Faux, **4** Vrai, **5** Faux, **6** Vrai, **7** Vrai, **8** Vrai.

Reading 3

1 Because although it was called 'the new house' it had been restored
thirty years earlier. **2** He sold tent material, brooms and floorcloths.
3 They thought it was overpriced. **4** A large water tank with a copper
tap. **5** A real marble fireplace. **6** One with a bend in it. **7** Between
the shutters and the glass there were frames, covered with fine wire
mesh to keep out the insects at night. **8** Oil lamps and spare candles
(for emergencies). **9** On the terrace underneath the fig tree.
10 A storm lamp.

3 Occupation

Listening 1a

1 un fermier, un pêcheur, une enquêteuse. **2** une infirmière. **3** un
pompier, une dentiste. **4** une comptable, une secrétaire. **5** un
ingénieur, une danseuse, un professeur.

Listening 1b

1 José Carreras. **2** Pierce Brosnan. **3** Sylvie Guillem. **4** Michael
Schumacher. **5** Sophia Loren. **6** Margaret Thatcher.

Listening 2

1 c, **2** c, **3** b, **4** c, **5** a, **6** c, **7** b, **8** b, **9** c, **10** c.

Reading 2a

1 D. **2** C. **3** E. **4** G. **5** B.

Reading 2b

The geologist, Lucia Civetta, is the director of the Vesuvius observatory,
the first woman to hold the post. She believes the next eruption might
be in ten years or just as easily in a hundred. It will be an explosive one,
but in any case, she doesn't think it will be as powerful as the one in
1631. However she hopes to be there for that unique event.

Workers often suffer from neck and back pain, tense shoulders and
stress. Christine Boucoumont travels to her clients' place of work to give
them massage based on Chinese medical principles, to eliminate toxins,
relax muscles and help vital energy circulate. She claims clients work
better after their treatment.

Listening 3

Holiday jobs at summer camps in France
If you want to work with children, have a special skill and are over seventeen this could be an opportunity for you.

Young people wanting to do this work need to hold the BAFA diploma
for supervisors. They can get the necessary documentation at the Town
Hall. They will be accepted if they are over seventeen and choose a
training organisation for a subject that interests them. There is a wide
choice – for instance in sport, sailing, skiing, archery, swimming – and for
cultural activities, photography and video.

The training is in three parts. A week at Christmas when the students
learn how to organise outdoor activities, February half-term when they
are on placement at holiday centres supervising children and finally six
days in the Spring when they finish training for the activity in which they
want to specialise. When they have the diploma, students can ask the
organisation that trained them for a job, or apply elsewhere, to a Youth
Information Centre or an association for the handicapped, for example.

Would-be supervisors should choose carefully. Those qualified in sports
are much in demand and paid more.

Reading 3

1 s'appelait. **2** mort. **3** jobs. **4** aimé. **5** garage. **6** connus.
7 célèbre. **8** cinéma. **9** césar. **10** tué. **11** manger. **12** lancé.

4 Free time and entertainment

Listening 1

1 Does the cooking and watches TV. **2** Sews or reads the paper while listening to the radio. **3** Does judo (Saturday evening), plays football (Sunday morning), watches sport on TV (evening). **4** Plays ball (with grandchildren), knits or watches a video (evening). **5** Gardening, washes car, plays cards with friends (if lucky!). **6** Sunday, reads and does crosswords. **7** Cycling; if bad weather, swimming pool. **8** Plays cops and robbers (with friends), computer games. **9** For holidays goes to mountains (with girlfriend), camps, goes fishing. **10** In winter skiing (Alps), in summer water-skiing (South of France).

Reading 1

Rugby, squash, aérobic, couture, judo, yoga, équitation, natation, cuisine, golf.

Listening 2

1 lundi. **2** samedi. **3** mardi. **4** mardi. **5** dimanche. **6** vendredi.

Reading 2

Vendredi soir je suis rentré à la maison vers 18 heures. J'ai regardé le match de **foot** à la télé, puis j'ai pris un petit verre avant de faire la **cuisine**. Après le repas, j'ai décidé d'aller au **cinéma** avec un ami, voir le nouveau James Bond. Samedi matin, je suis allé à la **piscine** pour faire un peu de **natation**. L'après-midi je suis sorti avec ma petite amie et nous avons fait une belle **promenade** dans les bois. Quand nous sommes rentrés chez elle, nous avons joué au **Scrabble** avec sa grand-mère. Dimanche matin nous sommes allés **à la campagne**, chez des fermiers qui ont des chevaux pour faire d'**équitation**. Finalement, le soir, nous sommes allés au **théâtre** voir une pièce de Molière.

Listening 3

Arc de Triomphe: Tous les jours, Gratuit, Fermé. **Notre-Dame:** de 10h à 17h, du lundi au samedi, Enfants. **Palais Garnier:** métro Opéra, 01 40 01 22 63, Visite guidée, en français, en anglais. **Sacré-Cœur:** de 6h45 à 23h, libre, les deux. **Tour Eiffel:** sans exception, Ascenseur, Escalier, Bureau de poste. **Tour Montparnasse:** 56ème étage, les moins de 20 ans, les étudiants, dernière montée. **Grande Arche de La Défense:** tarif réduit, vue panoramique, jours fériés. **Bateaux-Mouches:** Renseignements, 01 42 25 96 10, départs, Prix, obligatoire.

Reading 3

1 Old age. **2** Mondays. **3** July 17th. **4** Yes, there are special workshops for them. **5** Self-portraits, landscapes and abstract pictures. **6** On Wednesdays it's open till 10 pm. **7** Yes, because you are advised to book. **8** It's been devised in a fun way, especially for children. **9** 13 plus the Dream. **10** With computers and videos. **11** It's in the 16th arrondissement of Paris. You can use the métro (stop: Sablons) or the 73 bus. **12** An exhibition showing the diversity of regional clothes in the country.

5 Communication and social contact

Listening 1

You should have ticked: **1** homme, soir. **2** jeune fille, jour. **3** femme, jour. **4** femme, soir. **5** homme, jour. **6** jeunes filles, femmes, hommes, jour. **7** enfants, jour. **8** femmes, jour. **9** hommes, soir. **10** hommes, femmes, soir.

Reading 1

1 f, **2** j, **3** g, **4** i, **5** a, **6** h, **7** b, **8** d, **9** c, **10** e.

Writing 1

1 messieurs. **2** bienvenue. **3** m'appelle / suis. **4** guide. **5** touristes / visiteurs. **6** il y a. **7** enfants. **8** bonjour. **9** s'il vous plaît. **10** Très bien.

Listening 2

SITUATION **1** Invitation to the cinema that evening. **2** Doctor's appointment urgently required for small boy with temperature, sickness and earache. **3** Invitation for a meal out. **COMPLICATION** **1** Philippe doesn't like historical films, and the new James Bond is in the original language. **2** Usual doctor not on duty, back in two days. **3** Monique makes excuses, too busy at work, at home, looking after mother, washing hair. On a diet. **DECISION** **1** To go, despite this, and meet outside the cinema, at about 8. **2** Make appointment that morning, with woman doctor. **3** To go to the restaurant as it caters for special needs and Monique has run out of excuses!

Reading 2

Chère Gigi

J'ai été très content de recevoir ta lettre car ça fait bien longtemps que je n'ai pas eu de tes nouvelles. Maintenant je comprends pourquoi. C'est super que tu aies reçu une réponse de l'entreprise où tu souhaites trouver un poste. Je suis sûr que l'entretien se passera bien et que tu n'auras aucune difficulté à t'exprimer. Si tu réussis, écris-moi le plus vite possible, de préférence avant Pâques, car je vais partir deux semaines en vacances avec Stéphanie à ce moment-là.

Je t'embrasse.

Augustin

Mademoiselle

Nous avons bien reçu votre lettre de candidature pour le poste de secrétaire comptable bilingue (anglais). Nous sommes heureux de vous annoncer que votre curriculum vitae a retenu notre attention et que nous aimerions avoir un entretien avec vous. si possible avant la fin mars. car début avril je serai en Espagne pour affaires. Nous vous serions donc reconnaissants de bien vouloir nous contacter dans les plus brefs délais afin de convenir d'un rendez-vous.

Dans l'attente du plaisir de vous recevoir. veuillez agréer. Mademoiselle. l'expression de nos sentiments distingués.

M. Chevreuil

Chef du Personnel

Reading 3

1 On the roof of the building opposite. **2** She doesn't want them permanently exposed to a magnetic field. **3** He had been unemployed for a long time. **4** Because of the neighbours' opposition to the proposals, his wife hardly dares speak about his work and they are scared the children will say something at school. **5** We have to live with our times and accept progress. The dangers have been greatly exaggerated. **6** When Nonoville Telecom decided to set up a radio mast in a leisure area without consulting the local people. **7** Because only one national newspaper has shown any interest in the problem. They seem to be influenced by the power of big companies. **8** Regroup to form a national association to protect the rights and health of the citizens. **9** Get rid of the phone. **10** It's more dangerous than aerials. **11** Accept certain risks. It's a question of balance. **12** Being forced to listen to other people's banal conversations and lack of respect for others. **13** Radio masts stuck all over the countryside. **14** For safety, when she is out late at night. **15** Teenagers / adolescents between about 14–18.

Listening 3

1 25 to date. **2** Very. It is beating records everywhere. In the States, it is more popular than 'Friends' or 'ER'. **3** It was invented by an Englishman called Paul Smith in 1998. **4** Its format: it is a show, the set is round and very modern, music and light are used very effectively, the camera movements, the suspense. **5** 4 million francs which is the equivalent of 600,000 euros. **6** Far superior. **7** From the viewers themselves. **8** France Telecom gives back part of the money spent on the calls from people who want to take part. So the winners pocket the money spent on phone calls. **9** Advertising to tell people about the programme and encourage them to phone. **10** 08 97 66 50 50.

6 Holidays and tourism

Listening 1a

You should have ticked: **1** college sign, straight on sign, turn left sign. **2** library sign, take first on right sign, turn left sign. **3** police station sign, go down sign, church sign, turn right sign.

Listening 1b

1 er, 18. **2** 31, 14. **3** mardi, 25. **4** septembre, matin. **5** 11, 16.

Listening 1c

1 mauvais. **2** mauvais. **3** beau. **4** mauvais. **5** mauvais. **6** mauvais. **7** mauvais. **8** beau.

Reading 1

1 & 2 **vi**. 3 **ix**. 4 **viii**. 5 **iii**. 6 **v**. 7 **x**. 8 **iv**. 9 **vii**. 10 **i et ii**.

Writing 1a

1 travaille,. **2** comprends, **3** prenez, **4** descendons, **5** prenez.

Listening 2a

	Temps prévu	Activité prévue	Vêtements, etc. à emporter
Normandie	chaud, soleil	aller à la plage	maillot de bain, parasol
Alpes	très chaud	randonnées pédestres / promenades	chapeau de soleil, lunettes noires
Vallée de la Loire	pluie	visite de châteaux	imperméable ou parapluie
Bruxelles	froid	visite de la ville	un gros pull, un manteau
Monaco	orages, vent	casino	smoking

Listening 2b

In *Burgundy* you can visit Morvan park for the charm of its forests and the wild beauty of its lakes. See the varied countryside on mountain bike, on horseback or on foot. If you love art and history, go and see the Romanesque churches and abbeys or the mediaeval castles and fortresses. Don't forget the wine! In *Corsica* you can discover the fine sandy beaches and creeks by boat, you can walk, bike or ride in the mountains. You'll see the historical sites such as the Bonaparte museum or the house of Napoleon. Taste the gastronomic delights of Corsica. *Martinique* is an enchanting Caribbean island where it's always sunny. It's wonderful for water sports (sailing, wind-surfing, jet ski, diving). See the sugar cane and pineapples growing. For evening entertainment there are cabarets, night clubs and discos. Enjoy the punch and Creole cooking.

Reading 2

Places	Events	Dates
Riom-ès-Montagnes, Cantal	Gentian festival. Extract preparation, tasting of plant products, aperitif, sweets, dairy products, chocolates.	7th–9th July
Berthelming, Moselle	Frog festival	19th, 20th August
Mausanne-les-Alpilles, Bouches-du-Rhône	Time rediscovered, festival as in the last century.	20th August
Metz, Moselle	Mirabelle plum festival, amusements for children,tasting, fireworks, choosing of the Queen, and Miss Mirabelle.	end of August
La Rosière, Haute-Savoie	Festival of the shepherds of the Little Saint Bernard Pass	20th August
Hermelange, Moselle	Lorraine pâté festival	26th, 27th August
Le Puys, Haute-Loire	Music Festival at the abbey church of Chaise-Dieu, classical, baroque and romantic music.	23rd August–2nd September
Ugine, Savoie	Mountain festival	2nd, 3rd September
Le Puys-en- Velay, Haute Loire	Mediaeval street festival, commemorating visit of Francis 1st in 1533.	10th–15th September
Wargnie-Le-Petit, Nord	Apple festival	17th September

Listening 3

Première partie

1 Deux parcs. **2** forêts. **3** rivières. **4** randonnées. **5** chemins. **6** sommet. **7** lacs. **8** auberge. **9** cuisine de pays. **10** séjour. **11** églises. **12** pêcheurs.

Deuxième partie

1 médiévale. **2** de feu. **3** clés/clefs. **4** vaches. **5** marché. **6** de l'eau. **7** de la santé. **8** sports aquatiques. **9** de mai à octobre. **10** vierge noire. **11** le 2 juillet. **12** le premier dimanche.

Reading 3

Chers Chris et Sam

Nous venons de rentrer de vacances. Comme vous le savez, nous sommes **allés à** La Clusaz, dans les Alpes. Nous y sommes **restés** deux semaines. Nous avions **loué** un chalet confortable et bien **équipé** (lave-vaisselle, machine **à** laver, micro-ondes, etc.)

Nous avons **passé** des vacances sportives. Nous avons fait beaucoup de **randonnées pédestres** (nous avons **acheté** des chaussures de marche pour toute la famille). C'est une **région** vraiment magnifique. Un jour, nous avons fait de la luge d'**été**. Ce n'est pas aussi rapide que sur la neige en hiver. Nous sommes **allés à** la piscine plusieurs fois. Elle est **située** en hauteur et domine la ville. Nous avons aussi **loué** des **vélos**. Les enfants adorent le VTT en montagne, mais moi, je **préfère** les **activités** moins dangereuses!

Il a fait **très** chaud, avec beaucoup de soleil, et nous sommes tout **bronzés**.

Nous vous avons **envoyé** une carte postale du Mont-Blanc. Est-ce que vous l'avez **reçue**?

L'**année** prochaine, nous voulons faire quelque chose de **différent**. Nous aimerions aller **à** la mer, de **préférence à**

l'**étranger**, peut-**être à** la Guadeloupe. On peut toujours **rêver**!

Bien amicalement,
Jocelyne

7 Travel and transport

Listening 1

(a) 15, (b) Berlin, (c) Madrid, (d) 17, (e) BR123, (f) Prague, (g) 16, (h) 23, (i) IS465, (j) en retard.
Passengers are asked not to leave their baggage unattended. The information desk is opposite the main lift. The car-hire office is in the corner of the arrivals hall.

Reading 1

Addition, poire, vélo, usine, radio, enquêteuse, VAPEUR.

Writing 1

1 en vélo, à pied. **2** travaille, prends le métro. **3** en voiture. **4** voyage en avion. **5** prends un taxi. **6** prenons le train. **7** prends le bus, regarder. **8** le ferry. **9** partir en hélicoptère / faire une croisière / passer six mois à La Martinique, etc.

Listening 2

1 E. **2** D. **3** F. **4** C. **5** A. **6** B.

Reading 2

1 bateau. **2** tracteur. **3** avion. **4** taxi. **5** hélicoptère. **6** camion. **7** vélo. **8** métro. **9** train. **10** voiture. **11** ferry. **12** moto.

Listening 3

Didier's route

Advantages: Better with young children. Faster journey and more practical (toilets and rest/play areas). Possiblility of having a picnic (cheaper and better food for the children). Early arrival allowing the grand-parents to enjoy their grand-children.
Disadvantages: Motorways are expensive (price of petrol and toll). Bad traffic jam near Paris due to heavy traffic and road works.

Josianne's route:

Advantages: No rush, time to do some sightseeing (visit to Chartres). Gastronomic meal in a good restaurant. Possibility to buy cheaper petrol from supermarket. Reduced motorway toll.
Disadvantages: The journey takes longer. Various traffic problems (red lights, risk of getting lost, getting stuck behind lorries and caravans, dangerous overtaking).

Reading 3

1 It's a good idea as it considerably reduces the level of noise and pollution. **2** A shopkeeper in a no car district can see sales drop as much as 70%. **3** Didier is all for public transport but realistically the service is not good enough and it is expensive, particularly for a whole family.
4 Yvette cannot do without her car. Not only can she travel door to door whenever she needs to, she finds it safe and enjoys listening to the radio. **5** As Jean-Marc cycles to work, a car free day is great: it's safer, less polluted and less noisy. **6** It is very difficult to use the buses and the metro with young children. Only the latest tramways, such as the one in Rouen, have easy access for a pushchair, kids and bags.
7 Alain has a good job, after a long period of unemployment, but it's a long way from home and impossible to get there without a car. He car-shares with a colleague but a day without a car is problematic. **8** Marie-Chantal's office is half an hour from the station. She enjoys the walk except when it rains because it ruins her hair and she must look smart. She also needs to take another pair of shoes. **9** Josianne says that as the number of cars rises so do the seriousness of the problems they create: accidents which kill or maim, increasing number of people suffering from respiratory problems, lack of exercise, time wasted in traffic jams and above all the fact that if you put a man behind a wheel he turns into an animal. **10** Georges does not own a car. He finds it too expensive: bad investment, road tax, insurance, maintenance, repairs, petrol, motorway toll, car parking. He uses public transport and occasionally uses a taxi.

8 Shopping and services

Listening 1

Part 1: 1 c, **2** c, **3** b, **4** c, **5** b, **6** b, **7** c.
Part 2: 1 c, **2** b, **3** d.
Part 3: 1 23€. **2** 20,50€. **3** 63€. **4** 3,80€. **5** 2,30€

Reading 1a

1 The lift is out of order. **2** Perfume, sweets and flowers. **3** Shoes, accessories, men's clothing, presents. **4** *sortie de secours*.
5 Household electrical, Radio, TV, Hi-Fi. **6** Furnishing and cleaning materials.

Reading 1b

1 It's closed. **2** Wednesday. **3** 3 hours, nine to twelve. **4** Sundays and bank holidays. **5** It closes between twelve and two in the winter season. **6** 6.30p.m. **7** All types. **8** 24-hour breakdown. **9** It opens on Saturday. **10** With its motto 'A bank to talk to.' **11** Ski equipment, clothes and mountain bikes. **12** He's a ski instructor. **13** Stationery, presents and games. **14** Photocopies and faxes.

Writing 1a

Rébus: ARGENT

Listening 2

1 à la pharmacie. **2** à la librairie. **3** à la banque. **4** à la poste / au bureau de poste. **5** dans un grand magasin. **6** dans un supermarché / hypermarché. **7** dans un magasin de chaussures. **8** à la boucherie. **9** à la papeterie / chez le marchand de journaux. **10** à l'office du tourisme.

Reading 2

1 d'art, anciens, jours. **2** chocolat, beurre, Glaces. **3** entrée, sorties. **4** tous, chaussures.

Listening 3

1 Business and services, broadcast once a week. **2** A young woman, Sandra Chantebien, who has just completed a year's training session in England. **3** Went to her bank for advice. **4** They thought she was just a tourist so they suggested travellers' cheques and cash. **5** Open an account when she got to England. **6** For purchases and to withdraw money. **7** None whatsoever. **8** They are very helpful. **9** It was more convenient than a cheque book and the exchange rate was more favourable than the one offered at banks. **10** She had a lot of expenses. **11** The cost of living was higher, rent, food, wine and petrol. **12** Choose a reputable bank with a branch near where you work. Use your credit card at cash dispensers, but be as careful as you would be at home.

Reading 3

1 Simpler, more practical, safer, more economical. **2** Items must be over 100 € and have been paid for with the CRE. **3** Any two: withdrawals up to 800 € per week from cash machines / travel insurance / medical insurance. **4** Immediate payment or settlement at the end of the month. **5** 20 €. **6** Free protection plan against loss or theft of your card for a year.

9 Food and drink

Listening 1a

1 citron pressé. **2** jus de fruit. **3** pamplemousse. **4** 4€50. **5** lait. **6** chocolat chaud. **7** pression. **8** bouteille. **9** 5€50. **10** 12€. **11** croque-monsieur. **12** jambon. **13** fraise. **14** citron. **15** 4€.

Listening 1b

1 & **2** *You should have ticked:* vegetable soup and / or omelette and / or cheese. **3** aime, le saumon. **4** n'aime pas. **5** aime, le camembert. **6** aime, les fraises. **7** aime, la bière. **8** 400. **9** 60. **10** 2. **11** 50. **12** 200. **13** 100. **14** 1/2. **15** 4.

Reading 1a

3, **6**, **11**, **7**, **4**, **9**, **12**, **1**, **8**, **5**, **10**, **2**.

Reading 1b

1 Chicken salad and steak tartare. **2** Warm goat's cheese salad.
3 Near Trinity Chapel. **4** Dancing. **5** They serve tea. **6** 2 kilometres
from La Baule. **7** A sunny terrace facing the ocean. **8** Any time.
9 Breton specialities. **10** Grills and salads.

Writing 1a

du vin / une bouteille de vin, du fromage / du camembert, des fruits,
des œufs, du pain / une baguette . . .

Listening 2

1 bœuf, **2** légumes, **3** pommes de terre, **4** farine, **5** œufs, **6** lait,
7 crêpes, **8** ingrédients, **9** dessert, **10** fruits, **11** pommes,
12 prunes, **13** gâteau, **14** crème fraîche, **15** délicieux.

Reading 2

1 D. **2** F. **3** B. **4** H. **5** A. **6** E. **7** C. **8** G.

Reading 3

1 To encourage people to try vegetarian dishes because they are
healthy, delicious, varied and avoid unnecessary suffering to animals.
2 Yes. She loves being able to use everything available which makes
modern life easier. **3** Traditional food made with fresh, seasonal prod-
ucts. **4** His grand-children prefer fast food and do not enjoy convivial
family meals. **5** It is a waste of time and energy. **6** She does not enjoy
eating food she has spent hours preparing. It is a lot of work, including
clearing up, particularly when the results disappear in minutes.
7 Convenience food. **8** It is quick, tasty, healthy and varied. **9** That a
lot of people in rich countries are on a diet whilst many people in the
Third World do not have enough to eat. **10** One must eat to live, not to
live to eat. **11** Eating can also be enjoyable. **12** Service is quick, it is
cheap and the atmosphere is great. **13** She loves hamburgers and
chips. **14** The packaging is bad for the environment and he prefers to
eat off a plate with a knife and fork. **15** It is not good and choice is
limited.

Listening 3

1 La Bonne Taverne, **2** Chez Bébert, **3** Le Pub Irlandais, **4** Le Panier
de Coquillages.

10 Problems

Listening 1a

1 b, **2** a, **3** c, **4** b, **5** b.

Listening 1b

LOCATION	PROBLEM / DIFFICULTY	SOLUTION / RESOLUTION
1 Friends' house.	Birthday party is following week.	Stay anyway.
2 Hospital.	Receptionist has mixed up names.	Has to find out which Mme Nugent is there for arthritis problems and which for maternity.
3 Camp site.	Person at wrong camp site. Goes to Bellevue instead of Belvédère.	Person is re-directed.
4 Baker's.	Child needs toilet.	Uses one in house opposite.
5 Castle.	Closes for lunch, it's now 11.30.	Return after lunch, opens at two.

Reading 1a

1 stylo. **2** valise. **3** livre. **4** crayons. **5** argent. **6** clés. **7** lunettes.
8 sac. **9** magazine. **10** journal.

Reading 1b

5, 6, 10, 4, 7, 2, 8, 9, 3, 1.

Listening 2

1 Four years ago. **2** When she went out for the first time after leaving
hospital. **3** Everything was adapted for use and organised. **4** She felt
everyone was looking at her. She felt ashamed of herself and inferior,
also vulnerable. **5** Finding things within reach. **6** Counters, bells, inter-
coms, lift buttons. **7** Too narrow and too heavy. **8** Food was too high
on the shelves and she could only carry a little at a time. **9** On the
ground floor. **10** Everything she needed was fitted at her level. **11** No,
just tidy away. **12** In Paris. **13** People are helpful. **14** She has to plan
in advance, think of obstacles, accessible toilets. **15** It will help her lead
a normal life.

Reading 2

1 Treatments *not* treats. **3** Heart disease. **4** Babies. **5** What your
drawings reveal about your life. **8** For consumers. **9** Practical information. **10** Retirement *not* retreat. **11** Suntan. **12** Slim *not* mince.
14 Modern hairstyles – easy, and quickly done.

Listening 3

1 L'eau qui monte. **2** Les malfaiteurs se rendent à la justice. **3** Fuite
de gaz – catastrophe évitée. **4** À bas la TVA. **5** Le sans-plomb coûte
plus cher. **6** La France au régime. **7** Les CD brillants. **8** Le prix du
pigeon.

1 Rising water. More floods in Vendée where it's been raining for a week. In many places, rescue teams have been using boats. Residents of the village of Mortevieille had to take refuge on the first floor of their houses.

2 Criminals give themselves up to justice. Two men who escaped on Wednesday from the court in Marseilles have given themselves up to police. After two nights in the open they went to the police station on the advice of the brother-in-law of one of them.

3 Gas leak – catastrophe avoided. A gas leak caused an explosion which completely destroyed a chemicals factory in the industrial area of Rouen yesterday. Firemen evacuated the neighbouring building. Fortunately most people were at work or school. No-one was injured or burnt. Firemen managed to put out the fire several hours later.

4 Down with VAT. Traffic problems anticipated late this afternoon, because of the demonstration of farm workers against VAT. Still a few blockades on the D10. Light traffic on the ring road.

5 Unleaded costs more. More bad news for the motorist. The price of petrol at the pump has gone up again. Lorry and taxi drivers are threatening to strike next week.

6 France on a diet. The French are preoccupied with their weight. One in ten follows a fairly strict diet according to survey by SNES. But the number of children weighing more than 100 kilos doubled last year. The problem of obesity is on the increase due to lack of exercise and bad eating habits.

7 Brilliant CDs. CDs calm poultry. The massacre in British farmyards is over. A researcher from Leeds university had the idea of hanging CDs above turkeys. The metallic reflection hypnotised them and kept them quiet.

8 Pigeon price. Pigeons are costing Venice a lot of money. The city of the Doges is spending more than 120,000 euros to get rid of them as there are four times as many as it can cope with.

Reading 3

1 caractère. **2** enfants. **3** travail. **4** inquiétude. **5** traiter. **6** consulter. **7** rituels. **8** nuit. **9** effectuer. **10** vie. **11** sortir. **12** évite. **13** panique. **14** anxiété. **15** médicaments.

Tapescript

1 People and places

Listening 1a

1 Avec ses 320 mètres, c'est le monument le plus célèbre de Paris. Il a été construit pour l'exposition de 1889.

2 C'est une grande église, une basilique située à Montmartre, quartier qui se trouve dans le nord de Paris.

3 C'est un quartier très moderne à l'ouest de Paris, où il y a des appartements et des bureaux et où se trouve la Grande Arche.

4 C'est un palais converti en musée. Avec sa pyramide de verre, il attire des millions de visiteurs.

5 À l'origine un hôpital pour les soldats, c'est maintenant le musée de l'armée. On peut y voir le tombeau de Napoléon.

Listening 1b

1 – Est-ce que vous habitez à Strasbourg?
 – Non, pas en ce moment. Mais j'habite dans un petit village qui est tout près.
 – Vous travaillez bien au Parlement Européen, n'est-ce pas?
 – Tout à fait. Je suis réceptionniste.
 – Avez-vous des difficultés en ce qui concerne les langues?
 – Non, pas du tout. Je suis trilingue, je parle le français, bien sûr, l'anglais et l'italien.

2 – Vous êtes français, monsieur?
 – Non, je suis de Madrid. Mais en ce moment, j'habite ici chez ma sœur.
 – Vous n'êtes pas marié, alors?
 – Non, mais j'ai une petite amie alsacienne.
 – Et que faites-vous dans la vie?
 – Je suis ingénieur-conseil.

3 – Pardon, madame, vous habitez à Strasbourg?
 – Non, mais je n'habite pas loin, j'habite à Barr.
 – Et ça va pour le travail?
 – Pas de problème. J'ai une bonne petite voiture, une Renault Clio.
 – Qu'est-ce que vous faites exactement, vous travaillez à la réception?
 – Ah non, pas du tout. Je suis au service de la comptabilité.

4 – Pardon, monsieur, vous travaillez au Parlement Européen depuis longtemps?
 – Oui, depuis cinq ans, maintenant. Je travaille au restaurant.
 – Et vous êtes français?
 – Non, je viens de Genève.
 – Ce sont de bons cuisiniers, les suisses?
 – J'espère bien! De toute façon je fais la fondue au fromage aussi bien qu'un Savoyard!

5 – Vous êtes d'origine hollandaise, mademoiselle?
 – Non. Qu'est-ce qui vous fait dire ça? Je viens du Danemark, le pays d'Hamlet.

 – Vous parlez vraiment bien français!
 – C'est que ma mère est française, je travaille ici depuis deux ans et j'ai un petit ami belge!
 – Vous avez de la chance. Et vous travaillez au secrétariat, n'est-ce pas?
 – Oui, c'est exact.

Listening 2

1 – Dis-moi, Cécile, comment trouves-tu ton chef?
 – Il est toujours courtois, très gentil avec tout le monde, peut-être même un peu trop gentil quelquefois!
 – Comment ça?
 – Eh bien, il n'aime pas se fâcher. En général, quand il se trouve dans une situation difficile, il préfère céder que de se mettre en colère avec quelqu'un.
 – Et comment est-il physiquement?
 – Il est de taille moyenne, un peu rond. Il n'a pas beaucoup de cheveux, mais il porte la barbe et la moustache.

2 – Vous vous entendez bien avec Madame Joffre?
 – Oui, assez bien. C'est une femme très compétente, très intelligente . . .
 – Mais il paraît que vous n'aimez pas beaucoup votre directrice.
 – Non, ce n'est pas tout à fait vrai. Elle a l'air un peu sévère, surtout quand elle porte ses lunettes et qu'elle se fait un chignon. Mais la plupart du temps, elle est impartiale avec les gens.
 – Elle est bien physiquement?
 – Oui, elle est jolie. Elle a les yeux bleu-clair, les cheveux blonds . . .
 – L'idéal, quoi!
 – Malheureusement, elle n'a pas beaucoup d'humour, et en plus j'ai toujours l'impression qu'elle me traite en petit garçon.
 – Elle a quel âge?
 – C'est difficile à dire. Une quarantaine d'années, je suppose.

3 – Ça marche avec le nouveau patron?
 – Hmm. Comme ci comme ça. Il n'est jamais en colère, il est toujours de bonne humeur, il plaisante, il s'entend bien avec tout le monde, collègues et clients . . .
 – Alors, où est le problème?
 – C'est un homme grand, mince, mais il adore les bons petits plats au restaurant ou au club de golf.
 – Moi aussi, je suis plutôt gourmand!
 – Oui, mais lui, il est plus souvent absent qu'ici, sur le green ou au bar . . . C'est plutôt gênant quand les clients veulent prendre rendez-vous l'après-midi.
 – Vous voulez dire qu'il boit beaucoup le midi?
 – Disons les choses clairement, il boit trop.

4 – Tu n'as pas l'air en forme, chéri, qu'est-ce qui ne va pas?
 – Rien. C'est le directeur, c'est tout.

– Encore! Qu'est-ce qui est arrivé, cette fois?

– Comme d'habitude, il refuse de discuter. Il est égoïste, têtu, il a ses idées à lui, il n'écoute jamais les gens qui ne sont pas du même avis.

– C'est toujours comme ça, les patrons, tu sais.

– Depuis quand es-tu experte en la matière, toi? . . . Désolé, chérie, mais ce vieux cornichon me tape sur les nerfs!

– Moi, je l'ai trouvé charmant à la dernière petite fête du bureau. Il était patient, attentif, sensible . . .

– Il est toujours comme ça avec les femmes. C'est un véritable Don Juan!

Listening 3

– Alors, Micheline, nous sommes le 5 mars aujourd'hui, c'est votre fête?

– Oui, en effet. C'est la fête des grands-mères.

– Est-ce que c'est un jour spécial pour vous?

– Bien sûr! Mes petits-enfants, Agnès et Jérôme, m'ont envoyé des fleurs et ils m'ont donné un coup de fil ce matin. Marie-Rose est encore trop petite.

– C'est sympa, ça!

– Oui, mais il faut dire que je m'en occupe beaucoup.

– C'est vous qui les gardez?

– Seulement de temps en temps. Quand la nounou est malade, souvent le mercredi puisqu'il n'y a pas d'école, quelques jours en été . . .

– Vous avez de la chance!

– Oui et non. Quelquefois je suis obligée de refuser. Je suis encore très active, vous savez, et je ne suis pas toujours libre. Je vais à des cours de dessin, je fais du bénévolat . . .

– Pour quelle association?

– Pour les Restos du cœur. Et puis, je sors avec des copines, je pars souvent en voyage . . .

– Il est vrai que vous êtes une jeune grand-mère! Pensez-vous que vous jouez un rôle important dans la vie de votre famille?

– Tout à fait! Je dirais même que je joue un rôle primordial, surtout de nos jours avec les parents qui travaillent. J'aide mes petits-enfants à trouver leur identité.

– Que voulez-vous dire par là?

– Eh bien, je leur parle de leur mère quand elle était petite, j'explique le métier d'un oncle, je raconte la vie compliquée d'une tante, je leur parle aussi de ma propre enfance qui était tellement différente de la leur . . .

– Vous vous occupez de leur éducation, de leur vie scolaire aussi?

– Ah non, pas du tout. J'ai un rôle purement ludique. Je joue avec eux, je leur raconte des histoires, je les emmène au cinéma ou à la piscine, des choses comme ça. Je ne suis pas toujours d'accord avec les idées de ma fille, mais je ne dis rien, elle n'apprécierait pas!

– Toutes les grands-mères que vous connaissez sont comme vous?

– Pas toutes, bien sûr, mais la plupart. Il y en a même qui jouent un rôle encore plus important que moi. Je pense à la situation, malheureusement de plus en plus fréquente, quand il y a des problèmes dans le couple, des séparations ou des divorces. Elles représentent un élément de stabilité pour les enfants.

– Je vois que les grands-mères méritent bien leur jour spécial! Je vous souhaite une excellente journée, Micheline!

2 Accommodation

Listening 1a

Visite du château de Malromé

Le château de Malromé se trouve dans le Bordelais, région du vin par excellence. La comtesse Adèle de Toulouse-Lautrec, mère du célèbre peintre Henri de Toulouse-Lautrec, l'achète en 1883 et y passe tous les étés. La partie habitée est encore entièrement meublée. Il y a un bureau et un grand salon ensoleillé où l'artiste aimait peindre. Les appartements privés de la famille sont au premier étage, en particulier la chambre de la comtesse et sa superbe salle de bains 1900. On trouve aussi la chambre occupée par le peintre quand il rendait visite à sa mère. De la vieille tour du château, on a une vue imprenable sur le vignoble de Malromé. La dernière salle est consacrée à la vie du peintre et à son travail dans la région.

Listening 1b

1 – Vous habitez à Rennes, monsieur?
   – Oui, j'ai un appartement tout neuf dans la banlieue.
2 – Vous êtes fermier depuis longtemps, monsieur?
   – Oui, depuis toujours. J'ai une ferme en Normandie.
   – Donc vous habitez à la campagne.
   – Bien sûr.
3 – Vous êtes d'origine écossaise, n'est-ce pas, madame?
   – Oui, mon nom de famille est Stuart.
   – Et vous avez une propriété en Écosse?
   – Naturellement. Nous habitons un grand château isolé près du Loch Ness.
4 – Vous voyagez beaucoup pour vos affaires, mademoiselle.
   – C'est vrai, mais d'habitude j'habite à New York. J'ai un appartement de standing là-bas.
   – Et votre résidence secondaire?
   – J'ai une villa en Californie, dans la banlieue de Hollywood.
5 – Vous habitez à la Martinique, n'est-ce pas, messieurs-dames?
   – Oui, nous avons de la chance. Nous avons une grande maison au bord de la mer.
   – Et vous avez une résidence secondaire, peut-être?
   – Un tout petit appartement, en plein centre de Paris.

Listening 2

– Votre nouvel appartement vous plaît, Francine?

– Ah oui, beaucoup. Il est dans un quartier bien vivant, où il y a des brasseries, des cafés. Puis il y a une supérette tout près – tout ce qu'il me faut, quoi!

– Vous habitez dans le centre-ville, alors?

– Ah non, j'habite dans la banlieue, mais il n'y a pas de problèmes pour le transport puisque j'ai une voiture.

– Et vous n'avez pas de difficulté de stationnement?

– Pas du tout. Il y a un parking réservé aux résidents juste derrière l'immeuble.

– Et l'appartement, comment est-il?

– Il est au cinquième étage . . .

– Il y a un ascenseur j'espère!

- Bien sûr. Alors, il est assez grand, il y a trois pièces, sans compter la salle de bains et une grande cuisine aménagée.
- Vous avez vraiment de la chance!
- Oui, il est vrai que l'appartement a été complètement rénové. Mais je vais refaire les peintures dans ma chambre.
- Pourquoi donc?
- L'ancien locataire a choisi le noir et l'orange!
- Quelle horreur! Mais vous avez peut-être une belle vue?
- Magnifique! Le balcon de la salle de séjour donne sur la mer.
- Formidable!
- L'inconvénient, c'est que je vais peut-être partir pour New York dans six mois.
- C'est pour le travail, je suppose.
- Oui.
- Et vous passerez combien de temps là-bas?
- Impossible de vous le dire – peut-être le reste de mes jours!

Listening 3

Journaliste	Dites-moi, Bénédicte, vous habitez ici depuis quand?
Bénédicte	Nous sommes arrivés il y a deux semaines.
Journaliste	Racontez-moi votre histoire.
Bénédicte	Eh bien, tout a commencé parce que nous ne pouvions plus payer le loyer . . .
Journaliste	Quand votre mari a perdu son travail?
Bénédicte	Tout à fait. Nous avons finalement été obligés de quitter notre appartement au mois de mars.
Journaliste	Où êtes-vous allés?
Bénédicte	Mes beaux-parents nous ont prêté leur caravane.
Journaliste	C'était assez grand?
Bénédicte	Avec les enfants qui ont quatre et deux ans, c'était un peu juste. Mais au printemps et en été, ce n'était pas trop désagréable. La situation est devenue très difficile à la mauvaise saison.
Journaliste	Qu'avez-vous fait alors?
Bénédicte	Nous avons contacté la DAL, l'association Droit au Logement, qui aide les familles défavorisées et les sans-logis à trouver un logement, surtout pendant l'hiver.
Journaliste	Et on vous a trouvé cet appartement?
Bénédicte	Oui, dans un immeuble vide appartenant à une banque et qui a été réquisitionné par le ministère.
Journaliste	C'est plus confortable que la caravane!
Bénédicte	Oui, bien sûr, et c'est bon marché. Il y a deux chambres, une salle de séjour, une cuisine et une petite salle de bains.
Journaliste	Et cet appartement est définitivement à vous?
Bénédicte	Non, malheureusement. C'est un logement provisoire. Nous ne pouvons y rester que jusqu'au 31 mars. Après ça, il faudra trouver autre chose.

3 Occupation

Listening 1a

Et voici notre quizz du jour qui, aujourd'hui, concerne les métiers.
1 Ces gens travaillent en plein air.
2 Elle travaille dans un hôpital ou dans une clinique.
3 Ces gens ne travaillent pas dans un magasin.
4 Deux personnes qui travaillent dans un bureau.
5 Ils ne travaillent pas dans un hôtel.

Listening 1b

Bonjour, messieurs-dames! Ici Paul Bijou avec Concours Personnalités. Testez vos connaissances des personnes célèbres – des artistes, des personnalités politiques, des sportifs, etc. Nous avons ici, aujourd'hui à Rennes, Anne et Marie-Pascale.
- Bonjour.
- Bonjour Paul.
- Alors mesdames, première question. Qui est-ce? Il est chanteur, un des trois ténors. C'est un espagnol . . . Il a . . .
- C'est Placido Domingo?
- Désolé, Anne.
- José Carreras?
- Félicitations Marie-Pascale! Vous avez 10 points. On continue. C'est un acteur irlandais qui a tourné dans des James Bond . . .
- C'est Sean Connery.
- Non, il est écossais.
- C'est Roger Moore, peut-être?
- Non plus. En fait, c'est Pierce Brosnan.
- Ahhh!
- Numéro trois. C'est une danseuse française très célèbre, qui a dansé à Londres, à Paris . . .
- Je ne sais pas.
- C'est Sylvie Guillem?
- Bravo, Marie-Pascale! Vous avez 20 points. Quatrième question. Il est coureur automobile dans les 'grand-prix,' il est . . .
- Jacques Villeneuve.
- Attendez Marie-Pascale! Il est allemand.
- Michael Schumacher.
- Vous vous intéressez au sport, Anne. Bravo. Vous avez 10 points. On continue. Son mari, Carlo Ponti, a dirigé beaucoup de ses films. C'est une actrice italienne . . .
- C'est Gina Lollabrigida?
- Non!
- Sophia Loren.
- Bravo Anne! 20 points aussi. Alors, dernière question. Cette fois c'est une femme du monde politique anglais. Ancien premier ministre brittannique, c'est la première femme . . .
- C'est Maggie Thatcher . . .
- Oui, c'est bien elle! Bravo Marie-Pascale! 30 points. Alors on dit au revoir à Anne de Bretagne . . . et demain . . .

Listening 2

Chers auditeurs et chères auditrices, bonjour! Voici la deuxième édition de notre documentaire **Par le trou de la serrure**, votre histoire et celle de vos secrets les plus intimes. Aujourd'hui nous nous retrouvons chez les Béranger. Et souvenez-vous qu'il y a des caméras cachées dans toutes les pièces de l'appartement. Ecoutez attentivement!!!

Nous voici d'abord dans la salle de bains . . . M. Béranger se lave et se rase en dix minutes. Il est toujours pressé . . .

Francis, dépêche-toi! Oh, la, la la la . . .

Nous sommes maintenant avec Mme Béranger dans la cuisine. Mais oui, elle prépare le petit déjeuner pour toute la famille. Elle se fâche souvent car son mari est toujours en retard. Le voilà qui arrive, tout essoufflé. Oh le pauvre! il se brûle! Le café doit être trop chaud!

Suivez-moi . . . Nous voilà maintenant dans la chambre des jumelles. Elles sortent souvent et se couchent très tard. Donc elles ont du mal à se lever le matin. C'est plutôt pénible!. Christine se réveille la première, comme d'habitude et elle s'habille tout de suite. Elle se dépêche pour être dans la salle de bains avant sa sœur. . . . Trop tard Christine, pas de chance! Gabrielle se réveille.

'C'est mon tour, Christine!

'Mais non, hier c'est toi qui . . .'

'Les filles, ne vous disputez pas! Venez manger! Le bus va partir dans quinze minutes.'

'Mais Maman, je veux prendre une douche!'

'Attends, Maman! Je me brosse les cheveux et puis j'arrive!'

La pauvre Mme Béranger, elle n'a le temps ni de se coiffer ni de se maquiller ce matin! . . .

Chers auditeurs, chères auditrices, **Par le trou de la serrure** vous donne de nouveau rendez-vous ce soir vers six heures avec les Béranger, pour voir comment ils passent leurs soirées. A ce soir, donc! Bonne journée à tous!

Listening 3

Métier-Ado

– De plus en plus de jeunes ont envie d'être moniteur ou monitrice de colo pendant l'été. Aujourd'hui Métier-Ado accueille Sabine Merchez de la direction Jeunesse et Sport du département du Loir et Cher, pour vous donner quelques renseignements utiles. Bonjour, Sabine.

– Bonjour. Bonjour à tous.

– Que faut-il faire, Sabine, pour devenir moniteur ou monitrice dans une colonie de vacances? Faut-il être diplômé par exemple?

– Ah oui. Il faut être titulaire du BAFA.

– Qu'est ce que c'est que le BAFA?

– C'est le Brevet d'Aptitude aux Fonctions d'Animateur.

– Et que doit-on faire pour l'obtenir?

– Alors, si votre ado veut tenter cette expérience, il doit se rendre à la mairie où il obtiendra la documentation nécessaire. Il sera accepté à condition d'avoir 17 ans minimum et de choisir un organisme de formation en fonction de la spécialité qui l'intéresse.

– Il y a beaucoup de choix?

– Naturellement. En ce qui concerne le sport il y a la voile, le ski, le tir à l'arc, la natation . . . Et pour les moins sportifs, il y a la photo, la vidéo . . .

– En quoi consiste cette formation?

– Il y a trois stages qui ont lieu pendant les congés scolaires. Ils doivent être effectués sur une période n'excédant pas 30 mois.

– Et quand un candidat peut-il suivre son premier stage?

– A Noël pendant 8 jours. Il apprendra à organiser des activités en plein air. Et après la théorie, il y aura la pratique pendant les vacances de février.

– Que devra-t-il faire alors?

– Il surveillera des enfants dans des conditions réelles en centre de loisirs ou de vacances.

– Et son dernier stage?

– Il aura lieu au printemps, et il dure six jours. Le jeune finira sa formation à ce moment-là, ou bien il pourra continuer pour se spécialiser.

– Et après?

– En avril, muni de son diplôme, il pourra demander à ses formateurs de l'aider à trouver un job. Il pourra également envoyer sa candidature aux différents centres d'information jeunesse, ou aux associations pour handicapés.

– Avez-vous un dernier conseil à adresser à ces ados?

– Faites attention avant de vous lancer. Certaines spécialités sont plus payantes que d'autres. Les moniteurs et monitrices qualifiés en sport, par exemple, sont beaucoup plus demandés.

4 Free time and entertainment

Listening 1

1 – Qu'est-ce que vous faites le soir, monsieur?
– Oh je fais la cuisine et puis je regarde la télé.

2 – Et vous, mademoiselle?
– Je fais de la couture ou je lis le journal en écoutant la radio.

3 – Moi je suis très sportif. Le samedi soir je fais du judo, et le dimanche matin je joue au foot.
– Et le soir?
– J'aime regarder le sport à la télé!

4 – Et vous, madame? Que faites-vous pendant le week-end?
– Ça dépend. Quand il fait beau, je joue au ballon avec mes petits enfants dans le jardin. Le soir je tricote ou je regarde une vidéo.

5 – Et vous, monsieur, qu'est-ce que vous faites le dimanche?
– Je fais du jardinage parce que j'aime ça, et je lave la voiture parce que ma femme me le demande. Avec un peu de chance, le soir, je vais faire une partie de cartes avec mes amis au café du coin.

6 – Et vous, madame?
– Le dimanche je n'ai pas beaucoup de temps libre. Mais j'aime bien lire et faire des mots croisés.

7 – Que faites-vous, messieurs-dames, si vous avez du temps libre?
– Nous aimons beaucoup faire du vélo. Mais s'il fait mauvais, nous allons à la piscine.

8 – Et toi, petit, que fais-tu?
– Je joue aux gendarmes et aux voleurs avec mes copains. Et puis, j'adore les jeux vidéos.

9 – Que faites-vous quand vous êtes en vacances?
– Avec ma petite amie, on aime bien aller à la montagne. On fait du camping, on va à la pêche . . . On est relax, quoi!

10 – Et vous, madame?
– En hiver je fais du ski dans les Alpes, et en été je fais du ski nautique dans le Midi.

Listening 2

Un long week-end EXTRA chez COLO-JEUNES!
VENDREDI: Arrivée vers 18 heures. Possibilité de tennis de table ou jeux de société.
SAMEDI: Randonnées pédestres et équestres dans la région.
Soir: séance de cinéma en ville.
DIMANCHE: Sortie en groupe. Visite de la ville ancienne, musée de peinture. Promenade en bateau. Soir: Concours-vacances.
LUNDI: Sports nautiques. Le rafting, le kayak ou le canoë. Soirée: libre.
MARDI: Visite centre V.T.T. Location de vélos et de V.T.T. 15 sentiers pédestres. V.T.T. 16 circuits.
Soir: Départ à 20h.

Listening 3

Voici les renseignements en ce qui concerne les visites des monuments et les promenades à Paris.

Arc de Triomphe, place du Général de Gaulle. Tous les jours de 10h à 22h30 (octobre à mars) et de 9h30 à 23h (avril à septembre). Caisses fermées 30 mn avant. Entrée 8€. Tarif réduit 5€. Gratuit pour les moins de 12 ans. Fermé le 1er janvier.

Notre-Dame, métro Cité. *Tours*: 01 44 32 16 72, tous les jours de 10h à 17h (caisses fermées 45 mn avant). Entrée 7€. Tarif réduit 4€50. *Trésor*: du lundi au samedi de 9h30 à 11h30 et de 13h à 17h30. Fermé pendant les fêtes religieuses. Entrée 3€. Tarif réduit 2€. Enfants 1€.

Palais Garnier, métro Opéra. Informations: 01 40 01 22 63. Tous les jours de 10h à 17h ou 18h (du 19 juillet au 5 septembre). Entrée 6€. Tarif réduit 4€. Gratuit pour les moins de 10 ans. Visite guidée tous les jours à 13h en français et à 13h15 en anglais. Salle de spectacle parfois fermée au public pour raisons techniques ou artistiques.

Sacré-Cœur, 35, rue du Chevalier-de-la-Barre, métro Anvers. *Basilique*: Tous les jours de 6h45 à 23h. Entrée libre. *Dôme et Crypte*: Tous les jours de 9h à 18h (octobre à mars) ou 19h (avril à septembre). Entrée 3€ (6€ les deux). Tarif réduit 1€50.

Tour Eiffel, Champs-de-Mars, métro Bir-Hakeim, RER Champs-de-Mars. Tous les jours sans exception de 9h à 23h. – Ascenseur: 3ème étage: 12€. 2ème étage: 8€50. 1er étage: 4€20. Tarif réduit jusqu'à 11 ans. – Escalier: 1er et 2ème étages: 3€. Au 1er étage: "Observatoire des mouvements du sommet". Cineiffel audio-visuel sur l'histoire de la Tour Eiffel. Bureau de poste ouvert tous les jours de 10h à 19h. Au 2ème étage: Galaxie des visiteurs.

Tour Montparnasse, entrée rue de l'Arrivée. Visite panoramique. 56ème étage: belvédère abrité et climatisé avec exposition et film sur Paris. Entrée 9€. 6€ pour les enfants et 7€ pour les moins de 20 ans et les étudiants. Tous les jours de 9h30 à 23h30 (22h30 d'octobre à mars) (dernière montée 30 mn avant la fermeture).

Grande Arche de La Défense, parvis de La Défense, RER et métro Grande Arche. Entrée 8€50 (tarif réduit 6€50 pour les moins de 18 ans) comprenant: vue panoramique depuis le belvédère, sur l'axe historique, salles d'exposition et des maquettes, vidéos sur la construction de l'Arche. Ouvert jours fériés.

Bateaux-Mouches, embarcadère pont de l'Alma, rive droite, métro Alma-Marceau. Renseignements: 01 40 76 99 99. Réservations: 01 42 25 96 10. Traversée capitale: départs à 11h, 14h30, 16h, 17h, 18h, 19h, 20h et 21h. Durée 1h. Prix: 8€ et 4€ (de 4 à 12 ans). Déjeuner-croisière: samedi, dimanche et fêtes à 13h. Durée 1h45. Dîner-croisière: tous les soirs à 20h30. Durée 2h15. Réservation obligatoire.
Jardin Shakespeare, Bois de Boulogne . . .

5 Communication and social contact

Listening 1

1 Au revoir, monsieur, et bonne soirée!
2 Bonjour mademoiselle. Un citron pressé, s'il vous plaît.
3 Merci, madame. Au revoir et bonne journée!
4 Bonsoir, Madame Pichet. Ça va?
5 Bonjour, monsieur. Vous voulez réserver une chambre?
6 Mesdames, mesdemoiselles, messieurs, bonjour et bienvenue à Toulouse!
7 Bonjour, les enfants. Ouvrez votre livre à la page 6.
8 Bonjour, mesdames, qu'y a-t-il pour votre service?
9 Bonsoir, messieurs, vous désirez?
10 Messieurs-dames, bonsoir. Nous voici maintenant au pied de la Tour Eiffel. La tour a été construite. . . .

Listening 2

1 – Allô, Philippe. C'est Claire. Dis donc, tu es libre ce soir? Tu as envie d'aller au cinéma?
– Ça dépend. Qu'est-ce qu'on joue en ce moment?
– Un film historique sur la guerre de Cent ans. . . .
– Je ne suis pas vraiment passionné d'histoire, moi!
– Ou bien, il y a le nouveau James Bond. . . .
– Parfait. J'adore les films d'aventure.
– L'inconvénient, c'est que c'est en version originale.
– Tant pis! On peut comprendre quand même, non?
– Bien sûr. Alors, on y va?
– D'accord. On se retrouve devant le cinéma?
– Oui, vers 8 heures, pour la séance de 20 heures 15.

2 – Je voudrais un rendez-vous ce matin avec le docteur Chenille.
– Désolée, monsieur. Le docteur Chenille n'est pas de permanence aujourd'hui. Il sera de retour dans deux jours.
– Mais c'est urgent. Mon fils a de la fièvre, il a mal aux oreilles, il a vomi. . . . Vous savez, il a seulement deux ans! Le médecin doit le voir le plus vite possible. C'est urgent!
– Dans ce cas monsieur, je vous propose un rendez-vous avec le docteur Malraux à onze heures.
– Le docteur Malraux? Je ne le connais pas. C'est un nouveau?
– C'est une femme, monsieur. Elle est très gentille et très compétente, surtout avec les jeunes enfants.

– Hmm! Je n'ai pas de choix, je suppose. D'accord pour onze heures ce matin.

– C'est à quel nom, monsieur?

– Hublot, Henri Hublot. Et mon fils s'appelle Georges.

3 – Ah Monique chérie, tu es enfin rentrée. J'ai laissé plusieurs messages sur ton répondeur.

– Désolée Stéphane, j'ai dû travailler tard au bureau.

– Même le dimanche?

– C'est que . . Tu sais, je dois m'occuper de Maman, j'ai beaucoup de choses à faire à la maison.

– Mais tu auras le temps de sortir avec moi ce soir, mon chou?

– Il faut que je me lave les cheveux . . .

– J'ai trouvé un bon petit restaurant qui vient d'ouvrir dans le quartier.

– Tu sais bien que je suis au régime, Stéphane.

– Comment pourrais-je l'oublier, mon amour! Mais ne t'inquiète pas, on y sert des plats végétariens et des plats de cuisine-minceur préparés tout spécialement pour les gens qui font attention à leur ligne. Tu ne peux pas me refuser ça ce soir, chérie!

– Alors, Stéphane . . . Si tu insistes . . .

Listening 3

– Les télé-spectateurs de vingt-cinq pays dans le monde peuvent maintenant voir une adaptation locale de 'Qui veut gagner des millions?'. Cette émission bat des records d'audience partout. Il paraît qu'il bat même des séries très populaires comme 'Friends' ou 'Urgences' aux Etats-Unis.

– Oui, c'est vrai. Ce jeu a aussi énormément de succès en Angleterre où il a été créé en 1998 par un producteur anglais indépendant qui s'appelle Paul Smith.

– Les versions étrangères sont-elles très différentes de la version originale?

– Non, pas du tout. Au contraire, elles suivent la même recette, le même format dans tous les pays. A part le présentateur et les candidats, les émissions sont exactement pareilles.

– Comment expliquez-vous le succès de ce jeu?

– Eh bien, d'abord, c'est un véritable spectacle où tout est calculé: le plateau qui est rond et très moderne, l'utilisation de la lumière, de la musique, l'attitude du présentateur envers les candidats, les mouvements de la caméra, le suspense . . .

– Et les sommes d'argent à gagner, sans doute?

– Bien sûr! En France on peut gagner jusqu'à l'équivalent de 4 millions de francs, c'est-à-dire 600,000 euros, ce qui est bien supérieur aux prix qu'on peut gagner quand on participe à la plupart des autres jeux télévisés. Tout cela crée une ambiance très spéciale qui attire beaucoup de spectateurs.

– Et d'où vient tout cet argent? Comment TF1 peut-elle se permettre de distribuer de tels cadeaux?

– C'est là qu'on apprécie le génie de Paul Smith, l'inventeur du jeu. C'est le même principe que celui du Loto ou de la Loterie Nationale. L'argent vient des participants, ce sont les téléspectateurs candidats eux-mêmes qui payent!

– Comment ça?

– C'est très simple. Pour pouvoir participer au jeu, il faut téléphoner à un

numéro spécial. Ce numéro est disponible 24 heures sur 24. Une partie du coût de l'appel est reversée au jeu par France Télécom. Finalement, les gagnants empochent l'argent dépensé par les gens qui ont téléphoné. Génial, non?

– Oui et je ne me rendais pas compte que le téléphone rapportait tant d'argent! Mais si par hasard presque personne ne téléphonait? Après tout, l'appel coûte assez cher!

– Comme d'habitude, la publicité joue un rôle majeur. Les télé-spectateurs sont bombardés de spots publicitaires pour annoncer l'émission et encourager les gens à appeler.

– Et quel est ce numéro magique?

– C'est le 08 97 66 50 50.

– Merci, je vais appeler tout de suite!

6 Holidays & tourism

Listening 1a

1 – Je cherche le collège Paul Claudel, s'il vous plaît.

– Allez tout droit puis tournez à gauche.

2 – Pour aller à la bibliothèque, s'il vous plaît.

– Prenez la première rue à droite puis la deuxième à gauche.

3 – Je cherche le commissariat de police. C'est urgent!

– Vous descendez la grande rue jusqu'à l'église et vous tournez à droite. C'est juste en face.

Listening 1b

Bienvenue à Saumur!

Le château de Saumur est ouvert toute l'année – du premier juin au trente septembre, de 9 heures à 18 heures; du premier octobre au trente et un mai, de 9 heures à 12 heures et de 14 heures à 17 heures 30 (sauf le mardi du premier octobre au trente et un mars, le vingt-cinq décembre et le premier janvier).

L'École Nationale d'équitation est ouverte d'avril à septembre, du lundi après-midi au samedi matin inclus. Départ des visites guidées de 9 heures 30 à 11 heures et de 14 heures à 16 heures.

Listening 1c

1 En ce moment, il y a beaucoup de vent. Attention si vous faites de la voile!

2 Aujourd'hui, comme il pleut, nous allons visiter un château ou un musée.

3 Il fait du soleil en Bretagne. Allons à la plage!

4 Il fait froid et il neige. Je préfère rester à la maison.

5 Il y a des orages sur la côte ouest ce matin. Et moi, j'ai peur des éclairs!

6 Ce matin il y a du brouillard. C'est dangereux sur les routes.

7 Il fait gris et il y a beaucoup de nuages. C'est déprimant.

8 Il fait chaud. Le soleil brille et le ciel est bleu. Prenons un bain de soleil dans le jardin.

Listening 2a

1 – Je vais passer le week-end à Deauville, sur la côte normande.

– La météo annonce qu'il va faire chaud et qu'il y aura beaucoup de soleil. Tu vas pouvoir aller à la plage.

– Alors je vais prendre mon maillot de bain et le parasol.

2 – Ce week-end, je vais aller faire des randonnées pédestres dans les Alpes. J'adore les promenades en montagne l'été.

– Il paraît qu'il va faire très chaud. Mets un short, un tee-shirt et emporte un chapeau de soleil et des lunettes noires.

3 – Dimanche prochain, j'aimerais aller visiter un ou deux châteaux dans la vallée de la Loire.

– Attention, on annonce de la pluie. Prends un imperméable ou un parapluie.

4 – Je vais passer le week-end chez des amis qui habitent à Bruxelles. Je n'y suis jamais allé.

– Tu as de la chance. C'est une très belle ville à visiter, mais il va faire froid dans le nord.

– Je sais. Je vais prendre un gros pull-over et mon manteau.

5 – Ce soir, je prends l'avion pour Monaco. Je vais passer le week-end là-bas.

– Tu n'as pas de chance. Il va y avoir des orages et il va faire beaucoup de vent.

– Ce n'est pas grave. Je vais prendre mon smoking et je vais aller au casino. Peut-être que je vais faire fortune!

Listening 2b

Ici *France Vacances!*

Pourquoi pas la Bourgogne! Vous pouvez visiter le parc du Morvan qui préserve le charme des forêts et la sauvage beauté des lacs. Le paysage varié vous permet de faire des randonnées en VTT, à cheval et à pied. Vous êtes passionné d'art et d'histoire? Venez voir les abbayes et églises romanes, ou les châteaux et les forteresses qui remontent au Moyen Age. Et n'oubliez pas nos vins, qui sont mondialement connus!

Venez en Corse! Vous découvrirez en bateau des plages de sable fin désertes et une multitude de criques sauvages. On vous offrira des randonnées pédestres, en VTT ou à cheval dans les montagnes. On vous fera voir les sites historiques comme le musée Bonaparte et la maison Napoléon. Vous goûterez aux spécialités gastronomiques corses.

Vive La Martinique! C'est une île enchanteresse aux Caraïbes où il fait toujours du soleil. C'est super pour les sports nautiques, la voile, la planche à voile et le jet-ski. Et n'oublions pas la plongée sous-marine! Vous verrez des champs de canne à sucre et des cultures d'ananas. Si vous aimez sortir le soir il y a un tas de cabarets, de boîtes de nuit et de discothèques. Vous boirez du punch et vous mangerez la délicieuse cuisine créole. Vous vous amuserez bien, je vous assure!

Listening 3

Première partie

Comment est l'Auvergne? Que peut-on y faire l'été?

En Auvergne vous pourrez tout faire. La région est magnifique. Deux parcs naturels régionaux (celui du Livradois-Forez et celui des Volcans), fôrets, cascades et rivières vous invitent à découvrir le plaisir des randonnées en pleine nature. Les chemins balisés sont nombreux et bien entretenus. Il

vous emmèneront au sommet des puys où vous ferez le tour des plus beaux lacs de cratère. Ils vous conduiront souvent jusqu'à une auberge pittoresque où l'on vous servira une authentique cuisine de pays.

Profitez de votre séjour pour découvrir châteaux, églises romanes et villes d'eaux. L'Auvergne dispose de splendides rivières et de nombreux lacs – les pêcheurs en seront ravis!

Deuxième partie

A ne pas manquer

La fête médiévale de Saint-Flour. Une ville entière en costume d'époque, des rues où se pressent les cracheurs de feu, les acrobates, les jongleurs, etc. Et le dimanche, la remise par les trois consuls au roi Charles VII des clés de la Cité.

Fête de l'estive. Selon une tradition ancienne la fête se déroule à l'occasion de la montée des troupeaux de vaches Salers vers leurs pâturages d'été. Le village d'Allanche est transformé en un vaste marché de produits du terroir.

Festival annuel de l'eau. Conférences et expos (autour de l'environnement, de la culture, de l'économie, ou de la santé), animations, sports aquatiques, théâtre, destinés aux enfants et à leurs parents.

Saison musicale à Vichy. En plus des charmes de la station thermale, profitez des bienfaits d'une cure de musique. 'Une saison en été' propose de mai à octobre une série de concerts variés.

Procession de Notre-Dame de Vassivière. La vierge noire quitte l'église de Besse en procession solennelle le 2 juillet, pour la chapelle de Vassivière d'où elle redescendra le premier dimanche après l'équinoxe d'automne.

7 Travel and transport

Listening 1

– Vol AS 230, destination Édimbourg, porte 15

– Vol DF 452, destination Berlin, embarquement immédiat

– Vol AE 671, destination Madrid, porte 17

– Vol BR123, destination Londres Gatwick, retard exceptionnel

– Vol CK 784, destination Prague, porte 16

– Vol GL 592, destination Athènes, porte 23

– Vol IS 465, destination Rome, embarquement immédiat

– Vol TA 189, destination Istanbul, retard exceptionnel.

Annonces:

– Les voyageurs sont priés de toujours surveiller leurs bagages.

– Il y a un bureau de renseignements en face de l'ascenseur principal.

– Le bureau de location-voitures se trouve au coin de la halle d'arrivées.

Listening 2

1 Allô! Je suis la femme d'Henri-Luc. Il ne peut pas aller au travail aujourd'hui. Il a eu un accrochage cinq minutes après avoir quitté la maison. Heureusement, ce n'est pas grave, mais la voiture est au garage et lui, il est à l'hôpital.

2 Allô, c'est Étienne. Je vais être en retard ce matin. Les chauffeurs de bus de la ligne 25 refusent de commencer le travail avant dix heures aujourd'hui pour protester parce qu'un de leurs collègues a été attaqué hier soir et que ce n'est pas la première fois que ça arrive.

3 Allô! Mademoiselle Champion à l'appareil. J'appelle pour vous prévenir que je vais arriver en retard. Le collègue qui m'emmène au bureau en voiture a une angine – mal à la gorge, mal à la tête, etc. – et je dois utiliser les transports en commun – c'est-à-dire un bus, le train et un autre bus. Et pour tout arranger, aujourd'hui, il pleut!

4 Allô, c'est Richard. J'appelle de mon portable. Je suis sur l'autoroute depuis une demi-heure. Il y a un embouteillage monstre. Je ne sais pas pourquoi. Je pense qu'il y a des travaux ou qu'il y a eu un accident.

5 Allô! C'est Valérie. J'ai encore des problèmes de voiture. Cette fois, elle refuse de démarrer. Ça doit être la batterie mais il n'y a personne pour m'aider. J'ai téléphoné au service de dépannage et j'espère qu'ils vont arriver bientôt.

6 Allô! Je suis Sophie Williams, la représentante de KoolKit. Non, je n'ai pas raté mon avion, mais le vol a été retardé à cause du brouillard. J'espère que vous pourrez organiser une réunion pour cet après-midi.

Listening 3

Didier: Nous avons décidé d'utiliser les autoroutes, bien que ça coûte assez cher. Il a fallu prendre de l'essence en chemin et c'est sur les autoroutes qu'elle est la plus chère, et en tout, le péage nous a coûté environ 40 euros. C'est beaucoup, mais pour nous, avec les enfants, c'est beaucoup plus pratique. Le voyage est plus rapide et il y a des toilettes et des aires de repos avec des jeux à intervalles réguliers. Nous avions prévu de pique-niquer et nous avons eu de la chance car il faisait très beau. Ça nous a fait faire des économies et les enfants ont bien mangé. Nous sommes partis de Calais à huit heures et demie du matin. Nous avons pris la A26 où il y avait peu de circulation. Après Lens, nous avons pris la A1 en direction de Paris, mais nous avons bien roulé. Peu après l'aéroport de Roissy-Charles de Gaulle nous avons pris la A86 qui contourne Paris et c'est là que nous avons eu de gros problèmes d'embouteillages. Il y avait énormément de circulation et en plus, une section avec des travaux, ce qui nous a considérablement ralenti. Nous avons eu de la chance dans notre malheur, à ce moment-là, les enfants dormaient! Nous avons finalement rejoint la A10 et nous sommes arrivés sans encombre à Limoges à cinq heures de l'après-midi ce qui a permis aux enfants de passer un peu de temps avec leurs grands-parents.

Josianne: Nous avons décidé d'aller à Limoges en touristes, en prenant notre temps pour une fois. Nous avons quitté Calais à huit heures et demie du matin. Nous avons pris la direction de Boulogne, puis nous avons continué jusqu'à Rouen en Normandie. La traversée de la zone industrielle de Rouen, qui s'appelle Sotteville – quel drôle de nom! – a été assez lente à cause de nombreux feux rouges. En plus, c'est assez compliqué et il faut faire attention pour ne pas se perdre. De Rouen, nous avons pris la A13, l'autoroute, puis la nationale 154 jusqu'à Chartres. Malheureusement, il y a des portions à deux voies seulement et nous avons été coincés plusieurs fois derrière des camions et des caravanes. Je n'aime pas dépasser sur les routes comme ça, c'est très dangereux. L'avantage, bien sûr, c'est de pouvoir s'arrêter où on veut pour manger et même visiter. C'est ce que nous avons fait, car nous ne connaissions pas Chartres. Nous y sommes restés environ deux heures, ce qui nous a permis de visiter la cathédrale et la vieille ville. Nous en avons aussi profité pour faire un petit repas gastronomique dans un bon restaurant de la ville. C'était vraiment excellent – la nourriture, le service, l'ambiance et le décor – mais ça nous a coûté assez cher.

Heureusement que nous n'avons pas bu d'alcool! Avant de quitter Chartres, nous avons fait le plein d'essence dans un supermarché car c'est moins cher. Ensuite nous avons pris l'autoroute. Le péage ne nous a coûté qu'environ 20 euros. Finalement nous sommes arrivés à Limoges vers sept heures du soir. L'heure de l'apéritif!

8 Shopping and services

Listening 1

Première partie

1 Il faut que j'achète du pain ce soir – j'ai besoin de deux baguettes – et des croissants pour le petit déjeuner demain matin.

2 J'ai besoin de timbres pour mes cartes postales. Oh! Il me faut aussi un paquet de cigarettes.

3 J'ai faim. Je mangerais bien une tarte aux pommes ou un gâteau à la crème!

4 Je voudrais acheter un livre sur Paris pour mon ami anglais, un beau livre avec beaucoup de photos.

5 Zut! Je n'ai plus d'argent et j'ai oublié ma carte de crédit. Je vais aller encaisser un chèque avant de faire mes courses.

6 Tu sais, je sors avec Jean-Paul samedi soir. Nous allons au théâtre et au restaurant. J'ai besoin d'une nouvelle robe, quelque chose d'élégant.

7 Comme dessert, ce soir, je vais faire une salade de fruits. Je vais mettre des pommes, des poires, des bananes et un ananas frais.

Deuxième partie

1 J'ai écrit une carte postale à mon amie anglaise. C'est combien les timbres pour l'Angleterre?

2 C'est bientôt l'anniversaire de ma sœur. Elle veut une nouvelle montre. Celle-ci est jolie. Elle coûte combien?

3 – Je voudrais acheter un CD de musique classique.
   – Vous trouverez tous les CDs au deuxième étage, monsieur.

Troisième partie

1 – Nous avons cette belle cravate en soie à 30,50 €.
   – C'est un peu cher pour moi. Celle à rayures coûte combien?
   – Alors, celle-ci fait 23 €, monsieur.
   – Parfait, je la prends.

2 – Je cherche un stylo pour mon père.
   – Alors, les prix vont de 8 à 76 €.
   – Oh là là! . . . Voyons . . . J'aime bien celui-ci.
   – Celui à 20,50 €?
   – Oui. Vous pouvez me faire un paquet-cadeau, s'il vous plaît?

3 – Alors, cette valise-là fait 49 €.
   – Elle est beaucoup trop petite!
   – Celle-ci est à 63 €.
   – Et la grande, là?
   – Elle fait 81 €, madame.
   – Non, je vais prendre la moyenne.
   – Celle à 63 €?
   – Oui. Vous l'avez en noir?

4 – Un morceau de gruyère, s'il vous plaît.
   – Un morceau comme ça, ça vous va?

– Ça fait combien?
– Alors, 225 grammes, ça vous fait 3,80 €.
5 – Je voudrais une douzaine d'œufs.
– Oui. Petits, moyens ou gros?
– Ils font combien?
– Alors les gros coûtent 2,75 €, les moyens coûtent 2,30 € et les plus petits sont à 1,8 €.
– Eh bien, donnez-moi les moyens.

Listening 2

1 – Vous désirez?
– Je voudrais de l'aspirine.
– Et avec ça?
– C'est tout, merci.
2 – Avez-vous des livres anglais?
– Bien sûr, ils se trouvent au fond à gauche.
– Ils coûtent cher?
– Ça dépend.
3 – Je voudrais changer des livres Sterling et des chèques de voyage.
– Très bien, monsieur. Vous êtes anglais?
– Oui. Je suis en vacances dans la région.
4 – C'est combien pour envoyer une lettre en Allemagne?
– C'est le même tarif que chez nous.
– Alors un carnet de timbres, s'il vous plaît.
5 – J'ai besoin d'un nouveau lave-vaisselle. Je peux en trouver un ici?
– Bien sûr, madame. Le rayon électro-ménager est au dernier étage. Prenez l'ascenseur, il est juste là.
6 – Pardon, jeune homme, où est le rayon boucherie, s'il vous plaît?
– Au fond du magasin à droite. Vous verrez, c'est à côté des surgelés.
– Merci beaucoup.
– A votre service, madame.
7 – J'aimerais essayer les bottes noires qui sont en vitrine. Elles sont bien en cuir?
– Oui, bien sûr, madame. Quelle est votre pointure?
– Je fais du 39.
– Asseyez-vous, je reviens tout de suite.
8 – Bonjour, monsieur. Vous désirez?
– Je voudrais quatre côtelettes d'agneau et un poulet, s'il vous plaît.
– Voilà. Vous désirez autre chose?
9 – Pardon, monsieur, vous avez des magazines de décoration, s'il vous plaît?
– Bien sûr, madame. Nous avons 'Maisons d'aujourd'hui', 'Maisons et jardins', 'La Maison du 21e siècle' . . . Regardez, ils sont là, à gauche.
– Ah oui, je vois, merci.
10 – Nous venons d'arriver dans votre ville. Pouvez-vous nous indiquer les endroits intéressants à visiter dans la région?
– Avec plaisir, messieurs-dames. Voici d'abord un plan de la ville. Vous voyez, ici, vous avez le vieux quartier avec la cathédrale, le château . . .

Listening 3

Bienvenue à 'Il faut partager!' Partagez vos expériences avec moi, Alain Vidal, et avec mon invitée dans l'émission hebdomadaire sur les services et les affaires, où vous nous racontez ce qui vous est arrivé récemment et où vous donnez des conseils à des personnes qui se trouvent, ou vont se trouver, dans des situations similaires. Aujourd'hui, je reçois la jeune Sandra Chantebien, qui vient de faire un stage dans une entreprise en Angleterre.
– Alors, Sandra, je sais que vous avez été très contente de votre séjour en Grande-Bretagne, mais dites-moi franchement: Avez-vous été bien conseillée au point de vue financier, avant votre départ?
– Je dois vous faire une réponse de normand, oui et non! Dès que j'ai su que j'allais passer un an à l'étranger, je me suis tout de suite rendue à la banque pour aller chercher des renseignements.
– Évidemment, c'est la première chose à faire. Et quels conseils vous ont-ils donnés?
– Au début, comme ils n'ont pas compris que j'allais là-bas pour travailler, ils m'ont proposé des chèques de voyage, de l'argent liquide, des travellers, tout ce genre de choses . . .
– Pas du tout ce qui vous intéressait!
– Non. Finalement, on m'a recommandé d'ouvrir un compte courant sur place pour faire virer mon salaire directement dessus.
– Et quelle est la situation en ce qui concerne les cartes de crédit?
– Aucun problème. On peut les utiliser de la même façon qu'ici, c'est-à-dire pour régler les achats et retirer de l'argent aux distributeurs de billets.
– Une fois installée chez nos amis anglais, avez-vous éprouvé des difficultés auprès de la banque?
– Pas le moins du monde. Au contraire. Quand ils se sont rendu compte que j'étais étrangère et que je ne parlais pas un anglais impeccable, ils ont fait de leur mieux pour m'aider. J'ai trouvé les anglais très serviables, en général.
– Donc, vous avez pu ouvrir un compte courant facilement.
– Sans aucune difficulté! Mais je me suis surtout servie de ma carte de crédit.
– Pour quelle raison?
– Eh bien, d'abord, une carte en plastique est plus pratique qu'un carnet de chèques. Et puis le taux de change des devises étrangères, retirées dans un distributeur, est plus intéressant que dans les banques.
– Ah bon! Je ne savais pas ça. C'est un point intéressant. Alors, si je comprends bien, vous n'avez pas eu de problèmes.
– Si, hélas. Pendant les deux premiers mois j'ai eu quelques ennuis financiers. J'avais beaucoup dépensé et même si je recevais un bon salaire, comparé à mes collègues anglais, en réalité j'étais plutôt mal payée. Le coût de la vie est plus élevé en Angleterre, le loyer, la nourriture, même le vin et l'essence coûtent beaucoup plus cher que chez nous. Il faut se méfier, la situation varie énormément selon les pays, même en Europe.
– Eh bien Sandra, merci d'être venue nous parler aujourd'hui pour partager votre expérience. En conclusion, quels sont les conseils que vous donneriez aux gens qui ont l'intention de partir travailler à l'étranger?
– Il faut utiliser une banque connue, qui a une bonne réputation et qui a, de préférence, une succursale dans la ville où vous travaillez.

Servez-vous de votre carte de crédit aux distributeurs automatiques, mais faites bien attention, naturellement! Il faut prendre les mêmes précautions qu'ici!

9 Food and drink

Listening 1a

– Bonjour, messieurs-dames. Vous désirez?
– Qu'est-ce que vous avez comme boissons fraîches?
– Citron pressé, jus de fruit, schweppes . . .
– Qu'est-ce que vous avez comme jus de fruit?
– Alors, nous avons orange, pamplemousse et pomme.
– Moi, je préfère une boisson chaude. Combien coûte un grand crème?
– 4 euros 50, monsieur.
– Vous avez du thé?
– Bien sûr. Thé nature, thé citron ou thé au lait.
– Et le chocolat chaud coûte combien?
– 5 euros, madame.
– Moi, je voudrais une bière. C'est combien?
– Alors, la bière pression coûte 4 euros 50 et la bière bouteille coûte 5 euros.
– C'est combien le kir?
– 5 euros 50, monsieur.
– Et le cognac?
– 12 euros.
– Moi, j'ai faim. Qu'est-ce que vous avez comme sandwichs?
– Fromage, jambon, pâté ou saucisson, madame.
– Moi, j'adore les croque-monsieur. C'est combien?
– 3 euros 50, madame.
– Moi, je mangerais bien une glace. Vous en avez?
– Bien sûr, monsieur.
– Qu'est-ce que vous avez comme parfums?
– Aujourd'hui nous avons café, chocolat, fraise et vanille.
– Et des sorbets, vous en avez aussi?
– Oui madame, au cassis, au citron et au fruit de la passion.
– Et c'est combien?
– Les glaces et les sorbets coûtent 4 euros, madame.

Listening 1b

Menu à 10 euros

Vous avez choisi?
– Hmm . . . je vais prendre la soupe de légumes et, comme plat principal, le poulet rôti.
– Désolé(e), il n'y a plus de poulet.
– L'omelette au jambon, alors.
– Qu'est-ce que vous avez comme dessert?
– Yaourt ou tarte à l'orange.
– Ah non, je prends le fromage.

Sondage

– Excusez-moi, monsieur, je voudrais vous poser quelques questions.
– Ah bon, d'accord.
– Mangez-vous souvent du poisson?
– Mais oui . . . de la morue, des sardines . . . et j'adore le saumon.

– Et vous aimez la viande?
– Pas du tout! Je déteste la viande. Je ne mange jamais de viande. Je suis végétarien!
– Mais vous mangez des produits laitiers?
– Oui, je mange souvent du fromage. J'aime bien le fromage de chèvre, le gruyère . . .
– Quel est votre fromage préféré? Moi j'adore le roquefort.
– Non, moi c'est le camembert.
– Et les fruits, vous en mangez beaucoup?
– Oui, j'aime bien ça – les bananes, les oranges, les poires . . .
– Et vous préférez?
– Les fraises. C'est délicieux avec de la crème fraîche.
– Est-ce que vous buvez de l'alcool?
– Oui, je bois toujours un peu de vin aux repas. Et de temps en temps, je bois un petit cognac, j'adore ça!
– C'est votre boisson préférée?
– Non. Quand je vais au café, je prends toujours une bière.

Recette

Ingrédients pour la ***Soupe à l'oignon*** (pour 6 personnes)	Ingrédients pour le ***Soufflé au roquefort*** (pour 4 personnes)
400 grammes d'oignons	200 grammes de roquefort
60 grammes de beurre	100 grammes de beurre
60 grammes de farine	75 grammes de farine
2 tablettes de concentré de bœuf	1/2 litre de lait
50 grammes de gruyère râpé	4 œufs
sel, poivre	sel, poivre

Listening 2

– Quelles sont les spécialités typiquement anglaises?
– Eh bien, le plat favori du dimanche, par exemple, c'est le rôti de bœuf.
– Qu'est-ce qu'on mange avec?
– Traditionnellement, des légumes, des pommes de terre rôties et du Yorkshire pudding.
– Du Yorkshire pudding, qu'est-ce que c'est que ça?
– C'est difficile à expliquer. Disons que c'est une sorte de soufflé composé de farine, d'œufs et de lait.
– Un peu comme les crêpes!
– Tout à fait. On utilise les mêmes ingrédients, mais la pâte est moins liquide.
– Et quel serait un dessert typique?
– Il y a beaucoup de choses, vous savez. Personnellement, j'aime beaucoup le 'crumble'.
– Qu'est-ce que c'est exactement?
– C'est composé de fruits, de pommes ou de prunes, par exemple, avec une sorte de gâteau dessus. On le sert chaud avec de la crème fraîche.
– C'est difficile à faire?
– Pas du tout. C'est très simple et c'est délicieux!

Listening 3

Numéro 1

– Devine où je suis allée avec Bruno samedi soir?
– Au cinéma?

– Non, à l'opéra!

– Qu'est-ce que vous avez vu?

– *Carmen*. C'était super! Et après, on est allé manger dans un restaurant pas loin.

– Il devait être tard.

– Oui, mais il est ouvert jusqu'à deux heures du matin, et en plus il n'est pas cher. Ça ne nous a coûté que seize euros chacun.

– Avec la boisson?

– Non, bien sûr, mais nous avons pris de la bière, c'est la spécialité de la maison.

Numéro 2

– Pour la Saint Valentin, j'ai emmené Sylvie au restaurant.

– C'est un endroit que tu peux recommander?

– Oui et non!

– Comment ça?

– Eh bien, c'était très bon, de la bonne cuisine, des plats bien français, mais j'ai trouvé que c'était un peu cher.

– C'est-à-dire?

– 40 euros par personne.

– En effet, c'est beaucoup.

– Remarque, tout était compris.

– Alors c'est raisonnable, surtout pour la Saint Valentin! Où est-il ce restaurant?

Numéro 3

– Allô, Charlotte. Tu as passé un bon week-end?

– Oui, excellent, mais on n'a pas fait grand'chose.

– Vous vous êtes reposés?

– Tout à fait. Nous nous sommes levés à onze heues du matin.

– L'heure du brunch!

– Exactement! Nous sommes allés dans un endroit très sympa.

– C'est loin de chez toi?

– Non, c'est dans le quartier, à cinq minutes de la maison.

– C'est pratique!

– Oui, et je l'aime bien parce qu'on peut parler anglais et en plus, il y a toujours un groupe musical à l'heure du déjeuner. C'est vraiment parfait le dimanche1

Numéro 4

– Allô, Véronique? Salut, c'est Julien. Dis donc, j'ai travaillé tout le week-end et j'aimerais bien sortir, aller au restaurant, par exemple. Tu veux venir avec moi?

– Ce serait avec plaisir, mais ce soir je ne suis pas libre.

– Non, pas ce soir, je n'ai pas encore terminé, mais demain lundi, pour fêter la fin du projet.

– D'accord! Je ne sais pas pourquoi, mais j'ai envie de moules. Tu ne connais pas un bon restaurant par hasard?

– Si, il y a un restaurant près de de la gare qui, paraît-il, est très bien.

– Ah oui, je vois. Mais attention, je crois que le jour de fermeture est le lundi.

– Ah oui, c'est vrai! On pourrait peut-être y aller mardi soir, alors?

– Pas de problème! On se retrouve à quelle heure?

10 Problems

Listening 1a

1 – Eh bien, madame, comme plat principal il y a le steack-frites, le poulet rôti, le coq au vin . . .

– Non merci. Vous avez autre chose?

– Je regrette.

2 – Mais non, maman! Je ne veux pas! L'école est si loin de la maison et je n'ai pas de parapluie!

3 – Alors, madame, ça fait 25 euros.

– Cinq . . . dix. . . . quinze . . . Ah non! Ce n'est pas possible. Je n'ai que quinze euros dans mon porte-monnaie!

4 – Regarde, il est noir et blanc le petit! Qu'il est mignon dans sa cage, ce petit animal! Bibi! Bibi! Approche-toi Sylvie!

– Ahhhh!

5 – Vous avez un vin blanc sec, mademoiselle, un Gewurztraminer peut-être?

– Désolée, monsieur, nous n'avons que du beaujolais ou du porto.

– Ah non, pas avec le saumon fumé!

Listening 1b

1 – Annie et Georges, quelle surprise! Entrez, entrez!

– Heureux anniversaire, Patricia!

– Ah bon? C'est la semaine prochaine, non?

– Mais c'est bien ton anniversaire aujourd'hui, n'est-ce pas?

– Mais non! Aujourd'hui nous sommes le sept avril, mon anniversaire c'est la quatorze!

– Désolé, Patricia. Et la petite fête, la surprise-partie?

– C'est samedi prochain.

2 – Nom?

– Nogent.

– Attendez un instant, s'il vous plaît. Voyons, Nemours, Nounours, Nogent . . . Nogent, G. Voilà! Madame Nogent. Alors, madame, vous avez vingt-six ans et vous êtes ici pour la maternité. C'est bien ça?

– Ça m'étonnerait! A mon âge, hein? J'ai soixante-deux ans! Je suis ici pour mes problèmes d'arthrite.

– Excusez-moi, madame. Alors vous n'êtes pas Madame Ginette Nogent?

– Non. Je m'appelle Ghislaine.

3 – J'ai une réservation pour ce soir.

– Très bien, monsieur. C'est à quel nom?

– Bouvier, François Bouvier.

– Non, je regrette, monsieur. Je n'ai pas de réservation à ce nom pour ce soir.

– C'est bien le camping Belvédère ici?

– Ah non, monsieur. C'est le camping Bellevue. Mais le camping Belvédère est tout près. En sortant, prenez la première à gauche, puis la deuxième à droite. C'est à cinq minutes d'ici.

4 – Pardon, monsieur, je cherche des toilettes.

– Je regrette, madame, mais il n'y a pas de toilettes à la boulangerie.

– Mais c'est pour mon petit-fils. C'est urgent!

– Dans ce cas, suivez-moi, madame. Il y a des toilettes dans ma maison.

– C'est loin?

– Non. C'est juste en face.

5 – Je voudrais visiter le château. Il est ouvert aujourd'hui?

– Ah oui, monsieur. Mais il vaut mieux revenir cet après-midi.

– Ah bon? Pourquoi?

– Il est maintenant onze heures et demie, et on ferme de midi à deux heures.

– Très bien. On revient plus tard. Pouvez-vous me recommander un bon restaurant dans la ville?

Listening 2

Première partie

– Aujourd'hui nous disons bonjour à Isabelle, qui est venue nous parler de son handicap. Isabelle, depuis quand êtes-vous handicapée?

– Depuis un accident de voiture, il y a quatre ans.

– Et quand avez-vous éprouvé vos premières difficultés?

– Depuis ma première sortie en fauteuil roulant. A l'hôpital tout était aménagé, organisé pour nous.

– Et comment vous sentiez-vous quand vous êtes sortie?

– J'étais surtout consciente des regards des gens sur moi. J'avais honte de moi, je me sentais inférieure.

– Et très vulnérable, je suppose.

– Tout à fait. J'étais à la merci de chaque obstacle.

Deuxième partie

– Parlons donc, Isabelle, de ces obstacles. Pourquoi la vie quotidienne est-elle si difficile pour les personnes handicapées?

– Vous savez, en fauteuil roulant, rien n'est à notre hauteur.

– C'est à dire les guichets . . .

– Ni les guichets, ni les sonnettes, ni les interphones, ni les commandes d'ascenseurs, rien.

– Et les portes?

– Les portes sont souvent trop étroites ou trop lourdes. Impossible de pousser à la fois son fauteuil et une porte massive comme celles des banques, par exemple.

– Alors, déposer un chèque c'est un gros problème. Que faites-vous à propos du shopping?

– C'est encore très difficile. Au supermarché les aliments sont placés trop haut dans les rayons. En plus je ne peux pas en transporter beaucoup à la fois.

Troisième partie

– Passons maintenant, Isabelle, à votre vie chez vous. Etes-vous indépendante? Comment vous débrouillez-vous à la maison?

– Après mon accident mes parents m'ont trouvé un petit appartement en rez-de-chaussée, facile d'accès. Nous l'avions aménagé pour que l'essentiel soit à ma hauteur.

– Et vous y habitiez toute seule?

– Oui. J'ai dû apprendre à vivre avec mon handicap.

– Et pour le ménage?

– Ah non. Je ne peux pas faire de ménage, à proprement parler, seulement de petits rangements.

– Eh bien, Isabelle. Vous avez quitté la province récemment. Où habitez-vous en ce moment?

– J'ai déménagé il y a six mois, et j'habite maintenant à Paris, avec mon compagnon.

– Vous aimez Paris?

– Ça me plaît énormément. Ici, heureusement, je trouve toujours quelqu'un pour m'aider à monter une marche ou à pousser une porte. Quand même, je dois tout prévoir, les obstacles, les toilettes accessibles, etc.

– Et quel est votre but?

– Maintenant que j'ai passé mon permis de conduire, c'est de mener une existence ordinaire.

– Très bien. On vous souhaite du succès, Isabelle. Un grand merci à vous de nous avoir parlé si franchement de votre handicap. Bravo!

Listening 3

Il est quatorze heures. Voici les informations présentées aujourd'hui par Maurice Merlan.

– Encore des inondations en Vendée. Il pleut sans arrêt dans la région depuis une semaine. Dans de nombreux endroits, les équipes de secours sont obligées de se déplacer en bateau pour aider la population sinistrée. Les habitants du petit village de Mortevieille ont dû se réfugier au premier étage de leur maison.

– Les deux hommes qui s'étaient évadés mercredi du Palais de Justice de Marseille se sont rendus aujourd'hui à la police. Patrick Clouseau et Jules Lefebure ont passé deux nuits à la belle étoile avant de se rendre au commissariat, après avoir écouté les conseils du beau-frère de l'un d'eux.

– Une fuite de gaz est à l'origine d'une explosion qui a complètement détruit une usine de produits chimiques dans la zone industrielle de Rouen hier après-midi. Les pompiers ont évacué les gens de l'immeuble voisin. La plupart des locataires étaient heureusement au travail ou à l'école. Personne n'a été blessé ni brûlé. Les pompiers ont réussi à éteindre l'incendie autour de l'usine quelques heures plus tard.

– Plusieurs problèmes de circulation sont prévus pour la fin d'après-midi, à cause de la manifestation des agriculteurs contre le taux de la TVA. Il reste encore quelques barrages sur la D10. Trafic fluide sur le périphérique.

– Encore une mauvaise nouvelle pour les automobilistes. Le prix du carburant à la pompe a encore augmenté. Les camionneurs et les chauffeurs de taxi menacent de faire grève à partir de la semaine prochaine.

– Les Français sont préoccupés par leur poids. Un sur dix suit un régime assez strict, selon les chiffres d'un sondage réalisé par la SNES. Mais le nombre d'enfants pesant plus de 100 kilos a doublé l'an dernier. Ces problèmes d'obésité, qui sont malheureusement en augmentation, sont dûs à un manque d'exercice et à une mauvaise alimentation.

– Les CD – ça calme la volaille. C'est officiel! Fini le massacre dans les basse-cours britanniques. Un chercheur de l'université de Leeds a eu l'idée de suspendre des CD au-dessus des dindes. Hypnotisées par les reflets métalliques, elles se tiennent tranquilles.

– Autre problème de volatiles, en Italie, cette fois. À Venise les pigeons coûtent cher. La cité des Doges dépense plus de 120 000 euros par an pour s'en débarrasser. La ville accueille en effet quatre fois plus de pigeons qu'elle ne peut en héberger.

Teachers – enter our prize draw and you could win £100 worth of Hodder books!
Simply cut out or photocopy this coupon, fill in the details and mail to:

Nadezda Poole
Hodder & Stoughton Educational
Freepost NW6148
338 Euston Road
London NW1 OYS

Name _____

Address of teaching institution _____

_____

Postcode _____

e-mail address _____

Average class size _____

Average age of students _____

Class time(s)   morning / afternoon / evening

Terms and conditions
1. Closing date 31 January 2002.
2. In all matters, the decision of Hodder & Stoughton Educational will be final, and no correspondence will be entered into.
3. Illegal entries will be disqualified.
4. Responsibility cannot be accepted for lost or damaged entries, or entries received outside the closing date.
5. Proof of posting will not be accepted as proof of delivery.
6. No more than 2 entries per institution.
7. The competition is open to institutions in the UK and Republic of Ireland only.
8. The competition applies to *Façon de Parler Plus!* only.
9. *Façon de Parler Plus!* is promoted by Hodder & Stoughton Educational, 338 Euston Road, London NW1 3BH.

Tick this box if you do not wish to be kept up to date with new LANGUAGES publications from Hodder & Stoughton Educational. ☐